DIE WELT DES BUDDHISMUS

Eine illustrierte Einführung

Gill Farrer-Halls

Die Welt des Buddhismus

EINE ILLUSTRIERTE EINFÜHRUNG

Urania

Ich möchte jedem danken, der zu diesem Buch auf irgendeine Weise beigetragen hat. Ajahn Amaro, Ani Tenzin Palmo, Martine Batchelor, Gaia House, Kathryn Guta, Andrew Haynes, Amy Hollowell, Lynda Marshall und Richard von Sturmer bin ich für ihre freundliche Hilfe besonders dankbar. Einen besonderen Dank auch an Stephen Batchelor für seinen weisen Rat und reiche Güte, und an Robert Beer für seine Liebe und Weisheit und dafür, einfach da zu sein.

In liebevoller Erinnerung an
John Snelling

Erstveröffentlichung 2000 in Großbritannien durch Godsfield Press Ltd.,
einer Division von David and Charles Ltd., Laurel House,
Station Approach, New Alresford, Hants SO24 9JH, UK

Design für Godsfield Press von The Bridgewater Book Company

1. Auflage 2001
ISBN 3-908653-15-0

Aus dem Englischen übersetzt durch Wulfing von Rohr

Einband: Andreas Kummer, Oetwil, Schweiz, unter Verwendung von Illustrationen aus den Innenteil des Buches
Satz: Fotosatz Amann, Aichstetten
Druck und Bindung in China

Der Verlag dankt folgenden Personen und Institutionen für die Erlaubnis zum Abdruck von Bildern:

Abhayagiri Buddhist Monastery: S. 126B, 127; **Martine Batchelor**: S. 5, 96B, 146T, 147, 148, 149; 164R, 184T, 190; **Robin Bath Photographics**: S. 39, 41, 42-3, 47, 98B, 125B, 128, 129B, 134T, 172, 173, 178, 186T; **Robert Beer**: S. 51, 98T,138, 145T, 159T, 186; *The Encyclopedia of Tibetan Symbols and Motifs*, 1999 © Robert Beer: 9, 11, 130-1, 154-5, 178-9; **Bridgeman Art Library**: S. 1, 3, 9T, Christie's Images, London; 11B, 12B, 13, 102B, National Museum of India, New Delhi; 15B, 61, Oriental Museum, University of Durham; 26B, 28T, Private Collection; 29, British Library, London; 29B, Victoria and Albert Museum, London; 32-3, Kinkakuji, Kyoto, Japan; **Community of Inter Being**: S. 152-3, Simon Chaupat/*A Joyful Path, Community Transformation and Peace*, Thich Nhat Hanh and Friends, Parallax Press, Ca., © 1994, Eglise Bouddhique Unifée; **Ian Cumming**: S. 177; **e.t. archive**: S. 12T, 19B, 27, 184L; **Wolfgang Hurten**: S. 38; **Hutchinson Library**: S. 6-7, 10, 11T, 14-15, 17, 22, 24-5B, 25T, 30, 31, 32T, 33T,37, 49B, 50, 58T, 59B, 94L, 96T, 102T, 108T, 110, 112T, 113, 116, 117, 120T, 121, 122, 123, 136T, 140T, 142-3, 144, 145B, 158, 159B, 160, 162, 164B, 170B, 175, 183; **Image Bank**: S. 2, 4, 8, 18, 19, 23, 24T, 26T, 28B, 45, 46, 52, 53, 54, 57, 58-9, 62, 64-80, 84, 86, 88, 90, 100B, 108, 111, 114, 118-19, 120, 129T, 134B, 136B, 140B, 146B, 154B; **Rochester Zen Center**: S. 150-1; **Tibet Images**: S. 8-9, 20-1, 34, 35, 36, 44, 48, 49T, 55, 56, 82, 92-3, 100T, 112B, 166-7, 168, 170T, 171, 176B, 182, 184R, 186B, 191; **Tony Stone Associates**: S. 155T; **Vipassana Trust, UK**: S. 124-5.
Einband: Robert Beer

Der Verlag dankt den folgenden Institutionen für die Erlaubnis, ihre Grundstücke zu benutzen:
The Brighton Buddhist Centre, Brighton; Cargo Homeshop, Brighton;
David Rose Sports Shop, Brighton; Gaia House, Devon.

Hinweise des Übersetzers:
Das englische Wort "mind" ist in seiner Bedeutung sehr vielschichtig, besonders im Zusammenhang mit spirituellen Fragen. Da es meist einen noch nicht erleuchteten Bewusstseinszustand bezeichnet, wird es je nach Zusammenhang als "Gemüt und Verstand", "Gemüt" oder "Gefühle und Gedanken" übertragen. Seltener, wenn es sich doch um einen höheren Grad der Erkenntnis handelt, wird dieser Begriff als "Geist" übersetzt. Einige Male taucht in der englischen Vorlage der Begriff "self" auf, gemeint als "Ich". Daher wird er *dort* auch als Ich und nicht als "Selbst" übersetzt. Einige klassische Begriffe werden auch in der Übersetzung in der englischen Umschrift belassen, zum Beispiel Nirvana (statt Nirwana).

INHALT

Einführung 8
Das Leben von Prinz Siddhartha 12
Die vier edlen Wahrheiten 14
Was die vier edlen Wahrheiten heute bedeuten 18

KAPITEL 1:
WIE SICH DER BUDDHISMUS ENTWICKELTE 21
Südostasien 22
China 26
Der Ferne Osten 30
Tibet 34
Der Westen 38

KAPITEL 2:
BUDDHISTISCHE PRINZIPIEN 43
Was es bedeutet, ein Buddhist zu sein 44
Häufige Missverständnisse 46
Zuflucht nehmen bei den Drei Juwelen 48
Die Drei Gifte und die Fünf Behinderungen 50
Karma 52
Wiedergeburt 54
Vergänglichkeit 56
Tod 58
Wechselseitige Abhängigkeit 60
Leere 62
Der Edle Achtfältige Pfad 64
Die Sechs Vollkommenheiten 80

KAPITEL 3:
MEDITATION 93
Vorbereitung zur Meditation 94
Warum meditieren wir? 96
Haltung 98
Heitere Gelassenheit oder Ruhige Meditation 100
Einsichts-Meditation 102
Geh-Meditation 104
Achtsamkeit bewahren 106
Formlose Meditation 108
Mit negativen Emotionen umgehen 110
Tempel-Etikette 112
Niederwerfungen 114
Einen Altar gestalten 116

KAPITEL 4:
THERAVADA-BUDDHISMUS 119
Wie Theravada-Buddhismus praktiziert wird 122
Ein Goenka-Retreat 124
Das Abhayagiri-Kloster 126
Ajahn Sumedho 128
Eine persönliche Sicht des Theravada-Buddhismus von Kathryn Guta 130
Eine Geschichte aus der Theravada-Tradition 132
Zuflucht nehmen 134
Meditation über liebevolle Güte 136
Das Mantra "Buddho" 138
Achtsamkeit im Alltäglichen 140

KAPITEL 5:
ZEN –BUDDHISMUS 143
Wie Zen praktiziert wird 146
Ein koreanisches Zen-Retreat 148
Das Rochester Zen-Center 150
Thich Nhat Hanh 152
Eine persönliche Sicht des Zen von Amy Hollowell 154
Zwei Zen-Geschichten 156
Zen und die Künste 158
Zen-Atemmeditation 160
Zazen-Meditation 162
Koan-Meditation 164

KAPITEL 6:
TIBETISCHER BUDDHISMUS 167
Wie tibetischer Buddhismus praktiziert wird 170
Das buddhistische Jamyang-Center für Sommer-Retreats 172
Das tibetische Kagyu Samye Ling-Center 174
Der Dalai Lama 176
Eine persönliche Sicht des tibetischen Buddhismus von Andrew Haynes 178
Tibetische Gebete 180
Eine tibetische Geschichte 182
Meditation ist die Klarheit des Geistes 184
Meditation über den Tod 186
Meditation über Mitgefühl 188

Glossar buddhistischer Begriffe 190
Bibliografie 191
Register 192

“Ihr fühlenden Wesen, die ihr Befreiung sucht, warum lasst ihr nicht los? Wenn ihr traurig seid, lasst den Grund der Trauer los … Wenn ihr gierig oder lüstern seid, lasst das Objekt eurer Begierde los … Seid von Augenblick zu Augenblick frei vom Ich. Wo kein Ich ist, kann kein Leid und keine Lust sein … Die Winde der Umstände wehen über die Leere. Wen könnten sie schädigen?”

CHENG-LI

einführung

Wenn sich jemand für den Buddhismus interessiert, taucht die offensichtliche Frage auf: „Was ist Buddhismus?" Die Antwort ist allerdings nicht so offensichtlich, und selbst erfahrene Buddhisten sinnen weiter über diese Frage nach. Ein Grund dafür, dass es keine einfache Antwort gibt, ist die Tatsache, dass ein echtes Wissen über den Buddhismus nur aus praktischer Erfahrung entsteht. Das bedeutet, zu meditieren, buddhistische Texte zu lesen und einen Lehrer anzunehmen: einen spirituellen Freund, der uns durch unsere Fragen und Zweifel führen kann. Auch die Unterstützung durch Freunde, die Buddhismus praktizieren, ist von unschätzbarem Wert.

Es ist immer gut, einfach zu beginnen, und nicht zu versuchen zu rennen, bevor man gehen kann. Das kommt im populären Zitat des Dalai Lama zum Ausdruck: „Falls es dir gelingt, nett zu anderen Menschen zu sein, reicht das aus." Und doch ist sogar diese scheinbar einfache Übung schwierig, wie wir aus eigener Erfahrung wissen, wenn wir müde oder ärgerlich sind. Daran erkennen wir, dass der Buddhismus sowohl eine Lebensweise wie ein geistiger Gemütszustand ist, und nicht nur eine intellektuelle Übung oder ein Etikett, mit dem wir uns identifizieren.

Chorten nahe dem Mount Kailash, dem heiligsten Berg der Tibeter und Inder. Ein *Chorten* (oder Dharma-Halt) birgt heilige Objekte oder dient als ein Grabmal, meistens für eine bekannte Person. Buddhisten gehen um solche Bauwerke oft im Uhrzeigersinn herum, während sie beten.

Warum sollte man Buddhismus praktizieren?
Der Grund, warum Menschen den buddhistischen Lehren folgen und Meditation üben, besteht darin, frei von Leiden zu werden und Glück zu finden. Das wird in den bekanntesten und grundlegenden Lehren des Buddhismus, den Vier Edlen Wahrheiten, zum Ausdruck gebracht. Sie waren die ersten Lehren des Buddha nach seiner Erleuchtung. Buddha sagte, dass man seine Lehren so prüfen sollte, wie man Gold prüft: Man wirft es ins Feuer und hämmert darauf ein, um festzustellen, ob es auch von innen heraus rein und wahr bleibt. Falls wir herausfinden, dass die Lehren unserer Überprüfung standhalten, dann ist es angebracht, sie weiter zu erforschen, indem wir Meditation üben und die Weisheit der buddhistischen Lehren in unserem Alltag auf die Probe stellen.

Links
Der Buddha wurde im fünften Jahrhundert v.Chr. in Indien geboren. Seine Lehren verbreiteten sich in ganz Asien und nahmen dabei Glaubenssysteme der jeweiligen Länder in sich auf, so dass heute verschiedene Traditionen bestehen.

Wie sich der Buddhismus entwickelte
Nach Buddhas Tod wurden seine Lehren auf unterschiedliche Weise interpretiert. Sie verbreiteten sich in ganz Asien und wurden in die verschiedenen Kulturen der Länder assimiliert. Auf diese Weise entstanden getrennte Schulen und Traditionen, obgleich sie alle dieselbe Essenz teilen. Für einen Japaner und einen Tibeter, einen Menschen aus Sri Lanka oder aus Vietnam, ist der Buddhismus nicht genau dasselbe, obwohl sie alle jede der Traditionen als buddhistisch erkennen würden.

“Auf diese Weise erleuchtet zu sein bedeutet, die Hindernisse zwischen einem selbst und anderen zu beseitigen.”

DOGEN

einführung

Die verschiedenen Schulen des Buddhismus wurden weitergetragen nach Europa und Amerika, und hier besitzen wir heute eine reiche Fülle buddhistischer Lehren. Die folgenden Kapitel beschreiben die drei Haupttraditionen des Buddhismus – Theravada, Zen und tibetischer Buddhismus – und ihre Entwicklungsgeschichte. Wir werden am Beispiel bestimmter buddhistischer Zentren auch sehen, wie sich diese Traditionen in Europa und Amerika ausgebildet haben. Im Verlauf der Zeit, wenn der Buddhismus im Westen von unserer Kultur beeinflusst wird, werden sich zweifellos neue Formen entwickeln, so dass wir kurz auch diese Anfänge anschauen wollen.

Buddhismus verstehen und praktizieren

Um den Buddhismus zu verstehen, müssen wir zunächst etwas über das Leben des Shakyamuni Buddha, seine grundlegenden Lehren und seine Philosophie erfahren. Danach müssen wir sehen, wie sich die verschiedenen Traditionen entwickelten und was ihre Meditationen und Übungen sind. Dann müssen wir erfahren, wie man sie ausübt! Wie zuvor betont, ist der Buddhismus eine Art, das Leben zu gestalten. Dieses Buch wird so praktisch wie nur möglich sein, damit die Leser genug lernen, um mit Meditation zu beginnen und über die Glaubensüberzeugungen und Ideen hinter den Praktiken nachzudenken, als auch etwas darüber zu erfahren, was sie erwartet, wenn sie ein buddhistisches Zentrum besuchen.

“Unser Alltag, wie wir essen, trinken, gehen, all das hat mit der Lage der Welt zu tun.”

THICH NHAT HANH

Links: Buddhistische Mönche führen Zeremonien durch, um religiöse Reliquien in Chorten wie der Friedenspagode aufzubewahren, die an herausgehobener Stelle im Londoner Battersea-Park neben der Themse steht.

Buddhismus wird oft als etwas aufgefasst, was schwierig, esoterisch, überholt oder rein östlich ist. Die Essenz der buddhistischen Lehren besteht jedoch in einfachen, normalen Anleitungen, die uns helfen, unser Leben in Harmonie mit uns selbst, mit anderen und unserer Umgebung zu führen. Dieses Buch weist auf praktische, einfache Möglichkeiten hin, unser Leben zu transformieren, und ist jedem zugänglich, der sich für Buddhismus interessiert.

Rechts und ganz links: Symbolische Formen, die als besonders Glück verheißend verehrt werden, schmücken buddhistische Schreine wie diese indische Stupa (Chorten) und die Dächer von Klöstern (ganz links).

Die Inspiration, um anzufangen

Anfangs wissen wir vielleicht nicht, was uns zum Buddhismus zieht; möglicherweise hören wir einen Lehrer wie den Dalai Lama oder begegnen einem westlichen buddhistischen Lehrer. Wir haben ein Buch gelesen oder einen Film gesehen, oder wir sind in ein buddhistisches Land in Asien gereist. Gleich, wie wir dem Buddhismus begegnen: Wir tragen alle das Potenzial in uns, unser Leben zu transformieren und Frieden und Glück zu finden, indem wir von buddhistischer Weisheit hören und sie praktizieren.

Das Leben von Prinz Siddhartha

Oben:
Prinz Siddhartha begegnete nie dem Tod, bis er den Palast der Freuden verließ, in dem ihn sein Vater beschützte. Daraufhin legt er seinen Anspruch auf den Thron nieder und folgte einem spirituellen Leben.

Buddha Shakyamuni wurde als Siddhartha Gautama in die Herrscherfamilie des Shakya-Clans in Nordindien geboren, etwa 500 v. Chr. Kurz nach Siddharthas Geburt wurde ein Weiser namens Asita gebeten, das Kind zu segnen, und er erklärte, dass es entweder ein bedeutender religiöser Lehrer oder ein weltlicher Führer würde.

Siddharthas Vater, Shuddhodana, wollte einen Erben, der nach ihm regieren würde, zog die zweite Prophezeiung Asitas vor und entschloss sich, einen Palast der Freuden bauen zu lassen, den sein Sohn nie würde verlassen wollen. Siddhartha wuchs also in einer luxuriösen Umgebung auf, in der alle seine Wünsche erfüllt wurden. Er heiratete die schöne Yashodhara und hatte einen Sohn, Rahula.

Schließlich langweilte ihn sein Lebensstil, und er interessierte sich für das Leben außerhalb der Palastmauern. Shuddhodana erlaubte seinem Sohn vier Ausflüge in die Stadt, wies aber seine Diener an, zuvor alles Unerfreuliche oder Hässliche aus dem Blickfeld zu entfernen. Beim ersten Ausflug sah Siddhartha jedoch einen alten Menschen, beim zweiten einen Kranken und beim dritten eine Leiche.

Siddhartha, der innerlich jedes Mal stark berührt war, fragte seinen Diener, ob diese Dinge jedem zustießen, auch ihm selbst. Als er hörte, dass jeder Alter, Krankheit und Tod unterworfen ist, erkannte Siddhartha die Sinnlosigkeit seines gegenwärtigen dekadenten Lebens und verfiel in existenzielle Verzweiflung. Auf seinem vierten und letzten Ausflug sah er jedoch einen wandernden Heiligen, der zwar arm war und nur Lumpen trug, jedoch inneren Frieden ausstrahlte.

Rechts:
Diese Statue zeigt den Bodhisattva Padmapani Avalokiteshvara, die Verkörperung des Mitgefühls des Buddhas. Anderen Mitgefühl entgegenzubringen stellt das Fundament der Lehren Buddhas dar.

Unten:
Ein Teil eines zentralasiatischen Wandbildes aus dem dritten oder vierten Jahrhundert zeigt Buddha, der das Gesetz darlegt, begleitet von sechs Schülern.

Sich auf einen spirituellen Pfad begeben

Siddhartha entschloss sich, ein spirituelles Leben zu führen, und floh aus dem Palast. Er schnitt sein Haar ab und kleidete sich in Lumpen; so wandte er sich an einen wohlbekannten religiösen Lehrer und erbat Anweisungen. Er lernte von seinem ersten Lehrer alles, was er konnte, brach dann wieder auf und suchte nach einem neuen Lehrer. Später praktizierte er extreme Askese und schloss sich schließlich einer Gruppe von fünf asketischen Yogis an.

Eines Tages, als er aufgrund extremen Fastens dem Tode nahe war, wanderte er zum Fluss, um dort zu meditieren. Er hatte viele spirituelle Übungen erlernt, aber nicht die Antworten gefunden, die er suchte. Ein Mädchen, das Kühe hütete, bot ihm eine Schale mit Milch und Reis an. Als die Nahrung seinen Körper stärkte, erkannte er, dass extreme Askese genauso wenig eine Antwort darstellte wie sein früheres Leben der sinnlichen Genüsse, sondern dass ein mittlerer Weg die beste Art des Handelns war. Seine asketischen Gefährten verließen ihn voller Abscheu, weil er gegessen hatte.

Mit frischer Kraft saß Siddhartha unter einem Bodhi-Baum und fasste den Entschluss, sich nicht mehr zu bewegen, bis er Erleuchtung erlangt hätte. Er trat in tiefe Meditation ein. Siddhartha war erleuchtet geworden und in Nirvana eingetreten, in die Befreiung von der zyklischen Existenz.

Da er erkannte, dass alle anderen immer noch im Samasara gefangen waren (der zyklischen Existenz von Geburt, Tod und Wiedergeburt), verbrachte Buddha – zu dem er jetzt geworden war – die verbleibende Zeit seines Lebens damit, Menschen zu belehren und jene zu ordinieren, die sich entschieden, ihm zu folgen. Dabei schuf er ein praktisches Regelwerk von Anleitungen, wie man in Harmonie leben und auf das Freisein von Leiden hinarbeiten kann.

Er starb im Alter von ungefähr achtzig Jahren aufgrund einer Nahrungsmittelvergiftung, im Kreise seiner Schüler. Seine letzten Worte waren: "Unbeständig sind alle geschaffenen Dinge. Strebt weiter danach, Bewusstheit zu erlangen ..."

Die Vier Edlen Wahrheiten

Oben:
Bewusstheit über Leiden liegt der buddhistischen Lebensweise zugrunde, wie es hier in der Haltung eines thailändischen Mönches zum Ausdruck kommt, der eine Zeremonie der Segnung vornimmt.

Buddhas erste Lehre nach seiner Erleuchtung bestand in der Offenbarung der Vier Edlen Wahrheiten. Sie bilden die grundlegende Lehre des Buddhismus und sind damit ein guter Punkt, um anzufangen.

Die Vier Edlen Wahrheiten

1. Das Vorhandensein von Leiden
2. Die Ursachen von Leiden
3. Die Beendigung der Ursachen von Leiden
4. Der Pfad, der zur Beendigung der Ursachen von Leiden führt

„Über das Leiden lehre ich – und den Weg heraus aus Leiden."

SHAKYAMUNI BUDDHA

I

Das Vorhandensein von Leiden

Der Pali-Begriff *dukkha* wird üblicherweise mit "Leiden" übersetzt, hat aber eine viel weitere Bedeutung, die von "Unzufriedenheit" bis "Angst" reicht. Wir alle wissen, dass Leiden existiert, und haben Leiden in unterschiedlichen Formen erfahren. Was Buddha mit der ersten Edlen Wahrheit meint, ist, dass Leiden unsere ganze Existenz durchdringt und Verstand, Gefühle und Körper betrifft.

Das klingt vielleicht seltsam, und wir könnten fragen: "Aber was ist mit dem Glück?" Wenn wir jedoch betrachten, was uns glücklich macht, stellen wir fest, dass sich die Dinge ständig verändern. Wenn wir zum Beispiel einen heißen Ferientag genießen und in ein Schwimmbad springen, um uns abzukühlen, fühlen wir uns zunächst wohl. Nach einer Weile ist uns kühl genug und wir wollen wieder aus dem Wasser heraus. Falls wir länger blieben, würden wir anfangen, auszukühlen, müde werden, usw.

Glück ereignet sich also und verschwindet dann wieder. Unzufriedenheit oder Leiden ist jedoch die gesamte Zeit hindurch vorhanden, obwohl wir das Leiden eine Weile lang nicht bemerken, während wir Glück empfinden. Das ist so, weil wir geboren werden, krank werden, alt werden und schließlich sterben. Diesen Tatsachen können wir nicht entfliehen.

Wenn wir darüber nachdenken, obwohl wir das anfangs vielleicht unerfreulich finden, werden wir bald erkennen, dass dies eine realistische, keine pessimistische Sicht der Existenz ist. Das veranlasst uns, die zweite Edle Wahrheit zu erforschen: die Ursachen des Leidens.

Links:
Viele Statuen des Buddhas sind riesig.

Rechts:
Dieses tibetische Gemälde aus dem neunzehnten Jahrhundert zeigt die friedvollen und die zornigen Gottheiten des Bardo – des visionären Reichs des Zustands nach dem Tode.

2

Die Ursachen von Leiden

Normalerweise geben wir äußeren Umständen die Schuld an unseren Leiden. Wenn wir aber in uns selbst forschen, entdecken wir, dass wir voller Verlangen sind. Wir haben alle schon mal zu uns selbst gesagt: "Wenn ich nur diese Sache hätte, wäre ich glücklich." Aber was passiert, selbst wenn unser Herzenswunsch erfüllt wird? Es macht uns nur eine Zeit lang glücklich. Entweder halten wir es dann für selbstverständlich, oder es langweilt uns und wir wollen es nicht mehr länger haben, oder wir beginnen, etwas anderes zu wünschen – "Wenn ich nur jene Sache hätte . . ." – usw.

Wir stellen auch fest, dass wir genauso oft auch mit dem unzufrieden sind, was wir erhalten, wie mit dem, was wir nicht bekommen. Wir alle kennen die äußeren Formen von Erfolg: Wir möchten reich und berühmt sein, vom beliebtesten Filmstar angebetet werden. In der Realität haben wir ein überzogenes Bankkonto, sind nur unter unseren Freunden bekannt und werden – manchmal – "nur" vom Jungen oder Mädchen von nebenan geliebt. Die subtilen Ebenen von Erfolg sind weniger offensichtlich: "Ich möchte ein guter Mensch sein," und "ich möchte helfen, die Armut in der dritten Welt zu lindern". Das scheinen gute Ideen zu sein, aber sie sind doch noch Verlangen und verursachen Leiden, wenn wir sie nicht erfüllen können. Das bringt uns zur dritten Edlen Wahrheit: der Beendigung der Ursachen von Leiden.

3

Die Beendigung der Ursachen von Leiden

Wir wissen jetzt zu unserer Erleichterung, dass die Beendigung von Leiden möglich ist! Der traditionell verwendete buddhistische Begriff für die Beendigung von Leiden ist das Sanskrit-Wort *Nirvana.* Vielleicht haben wir dieses Wort schon einmal gehört, können aber noch nicht viel damit anfangen.

Man kann Nirvana unmöglich erklären, solange man es nicht erfahren hat – stellen wir uns vor, man sollte Schnee jemandem beschreiben, der noch niemals Schnee gesehen hat. Daher ist es nützlicher zu sagen, was Nirvana nicht ist, besonders weil es diesbezüglich viele Missverständnisse gibt. Vor allem ist Nirvana kein buddhistischer Himmel. Nirvana ist kein Ort, sondern ein Zustand der Befreitheit von Leiden, der ohne alle Bedingtheiten ist. Ein häufiges Missverständnis ist, Nirvana für "Nichts" zu halten, für Vernichtung oder für etwas Ewiges – Nirvana ist jenseits beider dieser Extreme.

Die Tatsache, dass Nirvana existiert und dass Buddha diesen Zustand erreicht hat, bedeutet eine Inspiration, dass auch wir uns bemühen, vom Samsara frei zu werden, von dieser Welt von Verlangen und Leiden, die sich von Leben zu Leben immer wiederholen. Das führt uns zur vierten Edlen Wahrheit: dem Pfad zur Beendigung der Ursachen von Leiden.

4

Der Pfad, der zur Beendigung der Ursachen von Leiden führt

Die vierte Edle Wahrheit ist ein Regelwerk für eine Lebensführung, die hilft, uns davon zu befreien, dass wir von unserem Verlangen getrieben werden und dass wir jene Ursachen schaffen, die uns schließlich Nirvana erlangen lassen. Das ist der Edle Achtfältige Pfad, der uns praktische Anweisungen gibt, wie wir Verlangen und Leiden vermindern können.

Schlussfolgerung

Buddha verglich die Vier Edlen Wahrheiten mit Medizin für einen Kranken. Zuerst müssen wir erkennen, dass wir krank sind – das ist die Erkenntnis, dass wir leiden. Zweitens müssen wir die Krankheiten feststellen, die uns krank machen – das sind die Ursachen für unser Leiden. Drittens müssen wir daran glauben, dass wir wieder gesund werden können – das ist die Erkenntnis der Wahrheit des Nirvana. Viertens brauchen wir eine medizinische Ausbildung, um uns auf den Pfad zum Freisein von Leiden zu bringen.

Links:
Buddha ging über Leiden hinaus und entdeckte seine wahre Natur oder seinen natürlichen Zustand, den man "Buddhanatur" nennt und der in allen fühlenden Wesen vorhanden ist.

"... das höchste Ziel der buddhistischen Praktiken besteht darin, mystische Erfahrung zu bewerkstelligen: in das große Mysterium im Herzen des Lebens einzudringen und Antworten auf die schwierigen Probleme zu finden, die seit ewigen Zeiten die höher entwickelten Gemüter der menschlichen Rasse beschäftigt haben."

JOHN SNELLING

Unten:
Buddhisten betrachten Spiegelungen im Wasser, um die Natur von Gefühlen, Gedanken und Geist zu verstehen, und stellen Fragen wie: Kann man sich je selbst sehen? Sehen wir den Mond, wenn wir seine Spiegelung sehen? Ist die Welt, die wir wahrnehmen, eine Spiegelung, ist sie also illusorisch?

Die Erleuchtung des Buddha und seine Lehren sind für uns heute genauso wichtig, wie sie es immer waren. Wir stellen fest, dass jemand, selbst wenn er so viel Glück hat, alle Wünsche erfüllt zu bekommen, gelangweilt wird und sich irgendwann der Frage stellen muss, was es bedeutet zu leben. Das ist der Ruf, für das zu erwachen, was wir wirklich sind.

Der Rest ist nur eine Ablenkung, so angenehm sie sein mag. Die meisten von uns haben keinen privilegierten Hintergrund, wie es der Buddha vor seiner Erleuchtung hatte, aber auch wir können von den Ablenkungen in unserem Leben Abstand nehmen und prüfen, wer wir im Hier und Jetzt wirklich sind. Wir alle werden geboren, krank, alt und sterben schließlich. Buddha hat uns jedoch einen Weg gezeigt, wie wir durch die Erforschung der Ursachen unseres Leidens darüber hinaus gelangen können. Thich Nhat Hanh sagt: "Das Leben ist von Leiden erfüllt, aber es ist auch von vielen Wundern erfüllt, wie diesem blauen Himmel, dem Sonnenschein, den Augen eines kleinen Kindes." Diese Sicht zeigt uns den "mittleren Weg" des Buddha; wir verleugnen nicht das Leiden, aber erfreuen uns an einfachen Freuden.

Oben:
Tulku ist der tibetische Begriff für ein erleuchtetes Wesen, das sich aus Mitgefühl wieder inkarniert hat. Tulkus wurden in tibetischen Klöstern erzogen, um sie auf ihre spirituelle Führungsrolle vorzubereiten.

Aktiver Buddhismus

Buddhismus ist etwas, was man übt, was man tut, und nicht eine der üblichen religiösen Tröstungen. Das erkennen wir an der letzten Edlen Wahrheit, die ein Regelwerk für Handlungen darstellt. Wir müssen uns bemühen; die Erlösung liegt in unseren eigenen Händen, aber wir müssen dafür arbeiten. Buddha widmete sein Leben dem Dienst für andere und blieb nicht einfach zufrieden im Nirvana. An andere zu denken und zu sehen, dass ihre Bedürfnisse genauso wichtig sind wie unsere eigenen, ist auch ein Teil des buddhistischen Wegs.

Als sich der Buddha entschloss, anderen Wesen zu helfen, weil sie litten, verlor er nicht die Eigenschaften der Erleuchtung, die als Nirvana bezeichnet werden. Wie er sein Leben führte, gab anderen ein Beispiel. Buddha war mitfühlend und weise, aber hinter diesen Qualitäten stand innerer Frieden. Der Dalai Lama sagt: "Wenn du inneren Frieden hast, werden die äußeren Probleme dein tiefes Gefühl von Frieden und Gelassenheit nicht beeinträchtigen. In dieser Gemütsverfassung kannst du auf Situationen mit Ruhe und Vernunft eingehen, während du deine innere Heiterkeit bewahrst." Wir können inneren Frieden in unserem Leben finden, wenn wir meditieren und den Anleitungen Buddhas folgen.

Buddhas Botschaft ist zeitlos und universal und weder durch Lebensalter, Kultur oder andere Faktoren bedingt. Sie lautet, dass es für alle Wesen, die das kostbare Geschenk des Lebens erhalten haben, eine Möglichkeit gibt, für ihre Buddhanatur zu erwachen.

Die klassischen buddhistischen Texte berichten uns, dass es oft viele Leben erfordert, um diesen Bewusstheitszustand zu erreichen, aber sie sagen auch, dass es in diesem Leben möglich ist, weil unser innerstes Wesen potenzielle Buddhaschaft ist.

Unsere Buddhanatur schlummert in uns. Alles, was wir tun müssen, ist, unser wahres Selbst zu entdecken, indem wir zu unserer Buddhanatur erwachen.

KAPITEL 1

WIE SICH DER BUDDHISMUS ENTWICKELTE

„Es gibt einen Unterschied zwischen der Essenz einer Religion und der oberflächlichen, zeremoniellen oder rituellen Ebene. In Indien, Tibet, China, Japan und andernorts ist der religiöse Aspekt des Buddhismus derselbe, aber das kulturelle Erbe ist in jedem Land verschieden. In Indien hat der Buddhismus indische Kultur aufgenommen, in Tibet tibetische Kultur usw. Aus diesem Blickwinkel kann auch die Aufnahme des Buddhismus in die westliche Kultur möglich werden. Die Essenz der buddhistischen Lehren verändert sich nicht; wohin sie auch geht, sie sind geeignet. Oberflächliche Aspekte – bestimmte Rituale und Zeremonien – eignen sich nicht unbedingt in einer neuen Umgebung; diese Dinge werden sich ändern.“

DER DALAI LAMA

Südostasien

Oben:
Das reich verzierte Innere dieses buddhistischen Tempels in Colombo zeigt den Respekt, der dem Buddhismus in Sri Lanka erwiesen wird, wo die Lehren des Buddha zum ersten Male niedergeschrieben wurden.

„Vor zweitausend Jahren verbreiteten sich Einflüsse aus Indien durch ganz Süd- und Südostasien, und das betraf auch alle Formen des Buddhismus … Heute gibt es drei Länder im südlichen Asien, die im vollen Sinn des Begriffs noch buddhistische Länder genannt werden können: Sri Lanka, Burma und Thailand."

JOHN SNELLING

Der Buddhismus breitete sich von Indien aus, und etwa 250 v. Chr. reisten ein Mönch und eine Nonne aus dem Theravada-Buddhismus nach Sri Lanka (das damals Ceylon hieß). Mahinda und Sanghamitta waren Kinder des bedeutenden Kaisers Ashoka, und so verursachte ihr Besuch großes Aufsehen; sie wurden von König Devanampiyatissa freundlich empfangen.

Sri Lanka

Der Buddhismus blühte in Sri Lanka auf, und dort wurden die Worte Buddhas auch zum ersten Mal niedergeschrieben. Im Verlauf der folgenden Jahrhunderte kamen auch andere Formen des Buddhismus nach Sri Lanka, und es kam zu Kontroversen. Ein Konzil bestätigte 1160 jedoch den Theravada-Buddhismus und unterdrückte die anderen Schulen. Die frühen Pali-Schriften blieben bis heute die Texte der Theravada-Buddhisten.

Der Theravada-Buddhismus gedeiht auch heute noch in Sri Lanka, obwohl die europäische Kolonialisation vom sechzehnten Jahrhundert an den Buddhismus ernsthaft bedrohte, da man versuchte, die Bevölkerung dort zum Christentum zu bekehren. Im neunzehnten Jahrhundert setzte eine buddhistische Erneuerung ein.

Oben und Rechts:
Seit 1160 ist der Theravada-Buddhismus die vorherrschende Religion in Sri Lanka, als andere buddhistische Schulen niedergingen. Frühe Pali-Schriften blieben die Texte, die heute im Theravada benutzt werden.

Südostasien

Oben:
Der Buddhismus breitete sich in Burma (Myanmar) seit seiner Ankunft im fünften oder sechsten Jahrhundert aus. Hier ein Tempelbild aus Pagan in Burma.

Burma

Burma wurde vom fünften oder sechsten Jahrhundert an sowohl vom Theravada- als auch vom Mahayana-Buddhismus beeinflusst. Während der Herrschaft von König Anawrahta gewannen die Theravada-Buddhisten die Oberhand. Seine Dynastie regierte von Pagan aus zwei Jahrhunderte lang. Auch als sich diese Herrschaft auflöste und Burma in zwei kleine Staaten zerfiel, die miteinander Krieg führten, lebte der Buddhismus fort, und es wurden weiterhin viele wunderbare Tempel und Pagoden gebaut.

Im achtzehnten Jahrhundert wurden die beiden Staaten in Burma wieder vereint, und fünfzig Jahre später blühte der Buddhismus unter der Herrschaft von König Mindon erneut auf. Kurz danach kamen die Briten, und später

Rechts:
Nahe Kandy, der Hauptstadt der Hügelwelt Sri Lankas, befinden sich diese Gebäude in beispielhafter singhalesischer Architektur, die buddhistische und hinduistische Tempel an einem Ort vereinen. Obwohl es in Sri Lanka auch andere Religionen gibt, herrscht der Theravada-Buddhismus vor.

erlangten die Sozialisten die Macht. Weder die Briten noch die Sozialisten haben den Buddhismus gefördert; er ist jedoch nichtsdestoweniger relativ intakt geblieben. Die gegenwärtige Führerin der Opposition, Aung San Suu Khyi (die derzeit unter Hausarrest steht), ist eine ergebene Buddhistin. Damit gibt es ein Potenzial, dass Burma (oder Myanmar, wie es seit kurzem heißt) eine buddhistische Renaissance erlebt.

Links:
Diese Skulptur in Indonesien, die Buddha umgeben von Blumen zeigt, beweist, dass der Buddhismus die Kultur beeinflusste, obwohl er dort weniger beherrschend war als in Sri Lanka und Burma.

Thailand

Es ist ungewiss, wie der Buddhismus in Thailand zuerst erschien, aber man meint, dass Missionare aus Indien im dritten Jahrhundert hier ankamen. Es ist jedoch auch möglich, dass die erste Begegnung mit China zu tun hat, in das zu dieser Zeit der Buddhismus bereits aus Indien gekommen war. Auf jeden Fall übernahmen die Khmer wenige Jahrhunderte später die Kontrolle, und ihre Herrschaft dauerte bis zum vierzehnten Jahrhundert an.

Im vierzehnten Jahrhundert gewannen die Thai die Macht zurück und brachten Mönche aus Sri Lanka, um den örtlichen Buddhismus zu stärken, der noch existierte. Damit dominierte der Theravada-Buddhismus, und Buddhismus blieb die Staatsreligion. Der König muss ebenfalls Buddhist sein, andere Religionen werden aber geduldet. Da der Buddhismus institutionalisiert worden ist, gibt es heute zwei unterscheidbare Formen: die priesterlichen Stadtbuddhisten, welche alle üblichen traditionellen Zeremonien durchführen, und die Urwald-Mönche, die sich ganz der Meditation hingeben.

Laos

Der Buddhismus wurde zusammen mit dem Brahmanismus in Laos vermutlich während der frühen Beherrschung durch die Khmer eingeführt. Später übernahm Thailand die Oberherrschaft, und deshalb verbreitete sich der Thai-Buddhismus. Als 1975 die Kommunisten an die Macht kamen, flohen die meisten Mönche. Jene, die blieben, wurden gezwungen, Marxismus zu lehren, so dass ein authentischer Buddhismus verschwunden ist.

Kampuchea (Kambodscha)

In Kampuchea gedieh eine Mischung von Mahayana-Buddhismus und Brahmanismus vom neunten bis zum fünfzehnten Jahrhundert. Der Theravada-Buddhismus entwickelte sich seit dem dreizehnten Jahrhundert, bis er 1975 von den kommunistischen Roten Khmer fast vollständig zerstört worden war. Seit der vietnamesischen Invasion 1979 ist Religion wieder erlaubt.

Indonesien

Seit dem fünften Jahrhundert hat Indonesien sowohl den Theravada- als auch den Mahayana-Buddhismus gefördert, und diese nahmen neben dem Hinduismus und anderen indischen Einflüssen ihren Platz ein. In Bali entwickelte sich ein Kult, der Buddhismus und Shivaismus verband, der noch heute existiert. Reine Formen von Theravada- und Mahayana-Buddhismus sind seit kurzem neu aufgeblüht, und mit ihrer Wiederbelebung wird Indonesien vielleicht wieder ein buddhistisches Land. (Was angesichts des dominanten Islam, dem die Mehrheit der Bevölkerung angehört, allerdings eher in sehr weiter Ferne liegen dürfte. A. d.Ü.)

China

Oben:
Chinesen beten in einem buddhistischen Schrein. Der Buddhismus wurde populär, nachdem man Ähnlichkeiten mit dem Taoismus feststellte und die Han-Dynastie fiel.

Rechts:
Dieses Gemälde zeigt eine Prüfung von Landverwaltern und vermittelt die chinesische Vorliebe für Harmonie in den gesellschaftlichen Bereichen, was der Konfuzianismus zum Kern seiner Bestrebungen machte.

Links:
Diese Statue des Avalokiteshvara (des Buddhas des Mitgefühls) stammt aus der japanischen Edo-Zeit des neunzehnten Jahrhunderts.

Im ersten Jahrhundert begann der Buddhismus entlang der Seidenstraße nach China einzusickern, aber wurde kaum angenommen. Die Chinesen glaubten, dass ihr Reich an Weisheit nicht seinesgleichen fand, und waren deshalb gegenüber fast allem, was aus der Fremde kam, unempfänglich. Die vorherrschende Ideologie der Zeit – der Konfuzianismus – entsprach ihrem Bedürfnis nach sozialem Gleichgewicht, und für jene Menschen, die mehr suchten, gab es den Taoismus. Als indes Ähnlichkeiten zwischen dem Taoismus und dem Buddhismus auffielen, gewann der Buddhismus langsam an Einfluss.

Als die Han-Dynastie 220 n. Chr. zusammenbrach, verbreitete sich der Buddhismus, da die Lehren über die Unbeständigkeit des Lebens besonders bedeutsam erschienen. Intellektuelle und Angehörige der herrschenden Klasse begannen, den Buddhismus dem Taoismus vorzuziehen, was zu einer Blüte führte und zu einem "goldenen Zeitalter" vom sechsten bis zum neunten Jahrhundert. Als man Klöster gründete,

"Wir mögen kritisch über die These von Toynbee nachdenken, dass die Religion ein lebendige Rolle dabei spielt, Elemente der Beständigkeit zu bewahren beim Übergang von einer zerfallenden Zivilisation und ihrer Nachfolgerin, und dass der Mahayana-Buddhismus – als eine ‚Kirche des inneren Proletariats' – eine solche Rolle während des Zerfalls der Han-Dynastie spielte." ARTHUR WRIGHT

wurden sogar Bauern ordiniert – teilweise, um ihrem Leben in extremer Armut zu entfliehen.

Dreihundert Jahre waren eine genügend lange Zeit, dass sich ein chinesischer Buddhismus entwickeln konnte. Selbst in seiner höchsten Blüte wurde er jedoch von Taoismus und Konfuzianismus beeinflusst, wie auch von der chinesischen Kultur und von Volksreligionen. Das Ergebnis war ein Buddhismus, der sich vom indischen wesentlich unterschied.

Besondere Schulen entwickelten sich, wie die Vinaya-Schule, die Mantra- oder geheime Schule, die Avatamsaka-, die Weißer Lotus-, die Reines Land- und die Chán-Schulen (letztere ist das chinesische Zen). Diese Mannigfaltigkeit zeugte sowohl von der Verbreitung des Buddhismus als auch von seinem kreativen Austausch mit unterschiedlichen Formen chinesischer spiritueller Weisheit.

Während der zweiten Hälfte des neunten Jahrhunderts kam es jedoch zu einem Rückschlag und der Wiederbelebung des Konfuzianismus (des Neo-Konfuzianismus). In der Folge verschwanden alle Schulen bis auf die des Reinen Landes und des Chán. Die Chán-Schule erlebte ein kurzes "goldenes Zeitalter" während der Sung-Dynastie (960-1279).

Oben:
Chinas Kultur, Volksreligionen, Konfuzianismus und Taoismus beeinflussten die Entwicklung des chinesischen Buddhismus.

Links:
Manche Buddhisten im ganzen Osten praktizieren Vegetarismus, nicht jedoch solche, die von kulturellen Gewohnheiten oder einer Nahrungsmittelknappheit betroffen sind, wie die Tibeter. Hier erfreuen sich Buddhisten an einem gemeinsamen vegetarischen Essen.

Der Niedergang des chinesischen Buddhismus

Der Buddhismus überlebte zwar in China, sollte aber niemals wieder dasselbe Maß an Erneuerung oder Anzahl von Anhängern erleben. Im dreizehnten Jahrhundert wurde der indische Buddhismus von den muslimischen Invasionen ausgelöscht, so dass von dort keine neue Energie mehr kam. Ein kurzes Aufbegehren geschah unter der mongolischen Yuan-Dynastie 1280, die den Buddhismus sogar zur Staatsreligion erhob. Diese Form des Buddhismus (die auf dem tibetischen Buddhismus beruhte) erwies sich jedoch als wenig populär und verschwand wieder schnell.

Der Marxismus zeigte sich als der mächtigste Gegner. Die marxistische Ansicht, dass der Buddhismus auf ganz natürliche Weise verschwinden würde, bedeutete, dass die marxistische Regierung den Buddhismus nicht unmittelbar unterdrückte, sondern ihn nur zu kontrollieren suchte, indem sie die chinesische buddhistische Vereinigung bildete. Jedoch entmutigten sie selbst innerhalb dieser Organisation die Ausübung des Buddhismus, und es war nur eine Frage der Zeit, bis sich der Buddhismus allmählich auflöste.

Die kommunistische Revolution und die Kulturrevolution des zwanzigsten Jahrhunderts verwüsteten auf brutale Weise, was vom Buddhismus übrig geblieben war. Die meisten buddhistischen Tempel und Klöster wurden geplündert und die Mönche und Nonnen gezwungen, ihre Tracht abzulegen. Seit 1976, als China wieder Zugang zum Westen gestattete, hat es eine allmähliche, aber stetig wachsende Toleranz gegenüber dem Buddhismus gegeben. Tempel sind wieder aufgebaut worden, und Menschen, die Buddhismus wieder praktizieren oder sich sogar ordinieren lassen wollen, können das tun. Ein liberaleres Regime "bedauerte" die früheren Exzesse, und heute wird Religion geduldet, wenn auch nicht gefördert. Buddhismus gilt allerdings manchen immer noch als "Gift" – wie das berühmte Urteil des Vorsitzenden Mao lautete.

Chinas anhaltender Austausch mit dem Westen schließt auch die Übernahme bestimmter kapitalistischer Ideen ein. Materialismus und Konsumverhalten vermischten sich mit dem Kommunismus, und das erweist sich unter Umständen als ein subtiler, jedoch wirksamer Gegner für den Buddhismus.

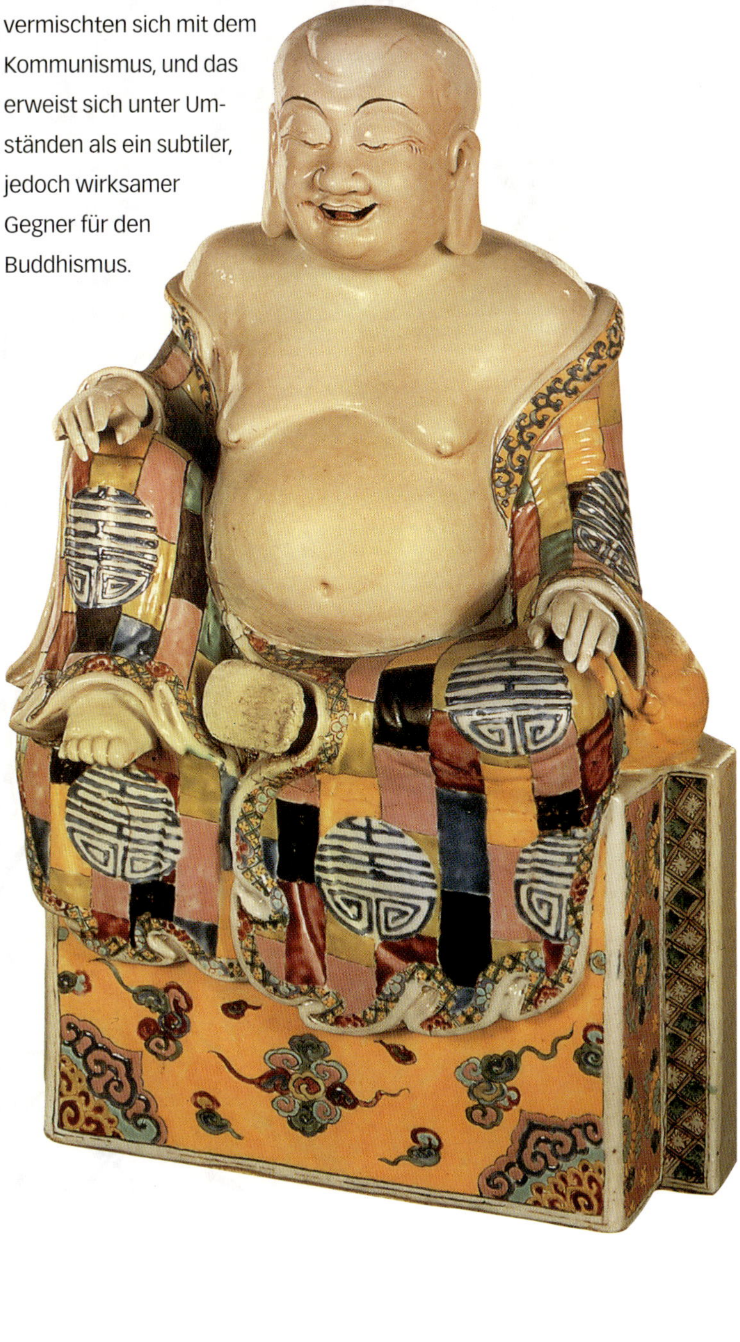

Rechts:
Dieses Bildnis zeigt Hvasang (Huang Tsang), einen buddhistischen Pilger, der von China nach Indien wanderte.

Oben:
Im Buddhismus ist das Alltagsleben genauso wichtig wie Meditation und religiöse Rituale. Hier wird Gemüse für die Mahlzeiten in der Zen-Gemeinschaft des Bukkokoji-Klosters in Japan aussortiert.

Das Goldene Zeitalter des Buddhismus begann im ersten Jahrhundert mit dem Religionsübertritt der Kushan-Könige. Dies fiel mit der Begründung ihres großen Reiches zusammen, das Teile des nördlichen Indiens, das chinesische Turkistan, Afghanistan und Russland umfasste. Nach dem fünften Jahrhundert ging der Buddhismus in diesen Ländern jedoch wieder zurück. Im Unterschied zu Südostasien, wo der orthodoxe Theravada-Buddhismus Wurzeln schlug, gewann im Fernen Osten der Mahayana-Buddhismus die Oberhand, der einige Zeit nach Buddhas Tod entstand.

Der Buddhismus breitete sich mit den Händlern und Reisenden entlang der Seidenstraße aus und traf

“Kanishkas Herrschaft ... markierte einen Wendepunkt in der Geschichte des Buddhismus und der buddhistischen Literatur. Sie erlebte den Aufstieg des Mahayana-Buddhismus ... Während Kanishkas Herrschaft und weitgehend aufgrund seines Einsatzes wurde der Buddhismus in Zentral- und Ostasien erfolgreich eingeführt.” BHARAT SINGH UPADHYAYA

Links:
Diese Skulptur vermittelt etwas vom kontemplativen, fröhlich-stillen Gemütszustand eines inneren Friedens, den manche, die Zen-Buddhismus üben, erfahren können.

Rechts:
Die geordnete Askese des Zen-Buddhismus findet in dieser Haupthalle eines Zen-Klosters in Butsuden, Japan, ihre Darstellung.

今上皇帝
本命元辰
聖衆

Oben:
Kleine Buddhafiguren unter diesem Buddha zwischen zwei Bodhisattvas stellen den Glauben dar, dass jeder Mensch Buddha-Natur besitzt, das heißt, dass jeder Mensch Weisheit und Mitgefühl in einer erleuchteten Lebensführung verbinden kann.

auf unterschiedliche Kulturen. Der Nordwesten des indischen Subkontinents, einschließlich Teilen von Kaschmir, Pakistan, Afghanistan und Zentralasien, erlebte eine weitere große Blüte des Mahayana-Buddhismus. Diese Landstriche hießen Serindia, wörtlich "Seiden-Indien". Die Gletscher, welche diese Region bewässert hatten, trockneten allerdings aus, und im siebten Jahrhundert waren diese Gegenden verlassen.

Die chinesische Dominanz stellte sicher, dass sich der Buddhismus auch nach Korea und Vietnam ausbreitete, wo vor allem Zen-Traditionen entstanden, obwohl Vietnam auch vom Theravada-Buddhismus aus Südostasien beeinflusst wurde.

Innere und äußere Umstürze haben zwar Störungen verursacht, aber sowohl der südkoreanische als auch der vietnamesische Buddhismus sind beide gut etabliert.

Japan

Der Buddhismus kam im sechsten Jahrhundert nach Japan, hauptsächlich aus China. Die vorherrschende Volksreligion, der Shintoismus, sträubte sich zunächst dagegen, aber die Regierenden jener Zeit standen dem Buddhismus positiv gegenüber. Die Kamakura-Periode (1185-1333) erlebte Samurai-

Krieger, welche den herrschenden Klassen die Macht entrissen und militärische Landregierungen oder Shogunate errichteten. In dieser Zeit entstanden die beiden wichtigen japanischen Zen-Schulen: Unter Eisai der Rinzai-Buddhismus und von Dogen der Soto-Buddhismus. Obwohl es eine politisch unruhige Zeit war, war sie für den Buddhismus fruchtbar. Die fromme Reines Land-Bewegung brachte den Buddhismus zu den Massen, und auch Frauen wurde ein spirituelles Potenzial zugestanden.

1333 war der Buddhismus in Japan gut verankert, aber seine kreative Phase war vorbei. Wirtschaftlicher Wohlstand und spätere Unruhen beanspruchten mehr Aufmerksamkeit. Dann zerstörte der Kriegsherr Nubunaga in der Mitte des sechzehnten Jahrhunderts die dreitausend Tempel am Berg Hiei und ließ alle Mönche töten. Neo-Konfuzianismus wurde zur offiziellen Politik und Japan zur Außenwelt verschlossen. Der Buddhismus überlebte, siechte aber unter staatlicher Kontrolle dahin. 1868 errichtete Japan wieder eine kaiserliche Herrschaft. Es öffnete sich auch für den Rest der Welt und wurde moderner. Buddhisten wurden zunächst verfolgt, als aber offenbar wurde, wie sehr der Buddhismus in der Bevölkerung verankert war, wurde Religionsfreiheit zugestanden.

Manche Schulen neigten zur nationalen Militanz und halfen, Japan in den Zweiten Weltkrieg zu führen. Nach der Niederlage gewann die mehr auf Laien ausgerichtete Soka Gakkai-Tradition innerhalb der Nichiren-Schule zunehmende Popularität, weil sie Frieden durch Buddhismus förderte. Der Buddhismus der Schulen Rinzai, Soto und Reines Land wird heute noch praktiziert.

Oben:
Während der Kamakura-Epoche (1185-1333) bildete sich in Japan der "Buddhismus des reinen Landes" heraus. Er ermutigte zu einer Veränderung der japanischen Sichtweise, nach der nun auch Frauen spirituelles Potenzial zugeschrieben wurde.

Links:
Dieser Tempel aus dem fünfzehnten Jahrhundert ist dem Shogun Ashikaga Yoshimitus (1358-1408) gewidmet. Das zeigt, wie in Japan damals Religion mit wirtschaftlichen Überlegungen und Bürgerkrieg vermischt wurde.

Tibet

Der bedeutende buddhistische Lehrer Shantarakshita aus Indien und der tantrische Adept Padmasambhavana führten die Lehren im achten Jahrhundert in Tibet ein, auf Einladung von König Trisong Detsen. Ein früherer König, Songsten Gampo, hatte die Fundamente dafür gelegt, indem er zwei buddhistische Frauen heiratete, eine chinesische und eine nepalesische. Ihre buddhistische Hingabe führte zu einem Interesse an ihrer Religion.

Shantarakshita wurde beauftragt, das erste buddhistische Kloster in Samye zu bauen, hatte aber Probleme mit den örtlichen Geistern und Dämonen. Tibet kannte seine eigene animistische Religion, die Bön-Religion, die voller Magie, Mysterien und

Oben:
Der Potala, der Palast des Dalai Lama, des spirituellen und weltlichen Hauptes von Tibet, beherrscht auch heute noch den Blick auf Lhasa in Zentraltibet, während seine einst geheiligten Straßen jetzt von Bordellen und Spielhöllen voll sind.

"Für die Tibeter war Indien eine Art Heiliges Land, und die buddhistischen Lehren, die von dort kamen, waren sakrosankt. Nachdem der indische Buddhismus ausgelöscht wurde, sahen sich die Tibeter als Hüter dieser geheiligten Traditionen."

JOHN SNELLING

Links:
Der Dalai Lama führt unermüdlich Kampagnen für sein Volk und gegen die Zerstörung der natürlichen Ressourcen Tibets durch, obwohl er deshalb von den Chinesen, die weiterhin die Tibeter unterdrücken, als "Spalter" bezeichnet wird.

Rechts:
Eine tibetische Frau dreht eine Gebetsmühle, während sie im Uhrzeigersinn um einen heiligen Ort geht. Dahinter verbirgt sich der Glaube, dass Gebete sich durch den Raum verbreiten, getragen vom Klang und vom Wind, wenn sich das Rad der Gebetsmühle dreht.

Tibet

Oben:
Tibetische Flüchtlinge, die der chinesischen Verfolgung entkamen, siedelten sich in Dharamsala in Nordindien an, wo sich der Dalai Lama niederließ, seit ihm Indiens Premierminister Nehru (1947-64) politisches Asyl gewährte.

Geistern war, und diese zeigten sich natürlich dieser neuen, fremden Religion gegenüber widerspenstig.

Padmasambhava war ein großer tantrischer Yogi und fähig, die Ortsgeister gefügig zu machen. Tantra ist der mystische Aspekt des Buddhismus, und Padmasambhava forderte die höchsten Bön-Priester zu einem spirituellen Duell religiöser Debatten und übersinnlicher Kräfte heraus. Er gewann, und der Buddhismus breitete sich in Tibet aus, obwohl von der Bön-Religion beeinflusst.

Im neunten Jahrhundert wurde der Buddhismus unterdrückt, aufgrund einer erfolgreichen Bewegung gegen ihn, die von König Langdarma angeführt wurde. Die zweite Überlieferung des Buddhismus im elften Jahrhundert sah wiederum bedeutende Lehrer aus Indien: Atisha und Naropa, auch den Tibeter Narpa, der den berühmtesten tibetischen Yogi oder "Heiligen", Milarepa, unterrichtete. Der Buddhismus erfuhr eine Renaissance, in der Bildung und heilige Kunst aufblühten, bis zum dreizehnten Jahrhundert, als der berüchtigte Dschingis Khan begann, die Länder Zentralasiens zu erobern.

Tibet fiel an die Mongolen. Sie schlossen jedoch ein Abkommen mit den tibetischen Buddhisten, und der Buddhismus wurde nicht verfolgt. Im achtzehnten Jahrhundert ersetzten die Chinesen das mongolische Protektorat, was jedoch nur eine Formalität bedeutete, und Tibet blieb unabhängig und buddhistisch.

Links:
Menschen drehen in einem Tempel in Lhasa Gebetsmühlen. Die Chinesen zerstörten über dreitausend buddhistische Klöster in Tibet und bauten andere wieder auf, jedoch als Sehenswürdigkeiten für Touristen und nicht als religiöse Einrichtungen.

Die chinesische Invasion

1950 begann die kommunistische Invasion. Sie wurde erst über Radio verbreitet, als die Chinesen in der Hauptstadt Lhasa im September 1951 angekommen waren. Die Lage verschlechterte sich immer weiter, und im März 1959 war der Dalai Lama gezwungen, aus Tibet zu fliehen.

Die langsame Auflösung der tibetischen Regierung und die Unterdrückung des Buddhismus verschlimmerten sich während der Kulturrevolution und führten schließlich zu einem Blutbad. Die meisten Klöster wurden zerstört und Klostertracht verboten. Oft wurden die Insassen gefangen gesetzt, häufig sogar ermordet.

Derzeit wird der tibetische Buddhismus von den chinesischen Behörden geduldet, es ist aber schwierig, ihn ernsthaft auszuüben, und die Klöster sind oft nur Sehenswürdigkeiten für Touristen. Viele der traditionellen Gebäude in Lhasa wurden von Bulldozern niedergewalzt und durch Gebäude in chinesischem Architekturstil ersetzt. Obwohl damit eine verbesserte Kanalisation verbunden war, hat Lhasa so seine tibetische Identität verloren.

Der tibetische Buddhismus breitete sich aus in die Mongolei, in Teile Russlands und Buryat sowie in die Himalaya-Königreiche Sikkim, Ladakh und Bhutan. Das benachbarte Nepal nahm den indischen Buddhismus auf und übte einen gewissen Einfluss auf die Entwicklung des tibetischen Buddhismus aus.

Nach dem Zerfall der Sowjetunion gab es eine buddhistische Wiederbelebung in der Mongolei, in Teilen Russlands und Buryat, wo unter dem sowjetischen kommunistischen Regime religiöse Verfolgungen stattgefunden hatten.

Unten:
Die Chinesen unterdrücken nicht nur den Buddhismus, sondern zerstören auch die tibetische Architektur und führen einen Neuaufbau im chinesischen Stil durch, selbst an Orten, die den Tibetern als die heiligsten gelten.

Der Westen

Oben:
Viele junge Menschen im Westen haben sich in den 60er-Jahren des zwanzigsten Jahrhunderts vom Buddhismus angesprochen gefühlt. Manche haben dann ein echtes Verständnis entwickelt.

Rechts:
Verschiedene Begebenheiten aus dem Leben von Buddha sind im Stein der Londoner Friedenspagode dargestellt, in der heilige Objekte und Gebete aufbewahrt werden.

Obwohl westliche Kulturen seit einigen Jahrhunderten vom Buddhismus wussten, entstand erst vor etwa 155 Jahren ein ernsthaftes Interesse daran. Nachdenkliche Akademiker und Archäologen, die ausgesandt wurden, um die östlichen Kulturen zu studieren, wurden neugierig.

Die Theosophische Gesellschaft, die 1875 von Madame Blavatsky gegründet wurde und sich reichlich aus dem Buddhismus speiste, brachte ihn einem größeren Publikum näher. Die Theosophie stellte eine Antwort auf die Desillusionierung durch den westlichen rationalen Materialismus und die Stagnation des Christentums dar, Gründe, die auch heute noch Menschen zum Buddhismus ziehen.

In den 60er-Jahren erblühte die westliche Jugendkultur zur Hippiebewegung; sie war durch eine Suche nach Frieden und einem Sinn des Lebens gekennzeichnet, jenseits der konventionellen Gesellschaft. Viele Menschen reisten in den Osten und begegneten dort dem Buddhismus, und der Buddhismus reiste nach Westen. Theravada-Bhikkhus kamen aus Sri Lanka, D.T. Suzuki brachte Zen aus Japan, und das erzwungene Exil tibetischer Lamas bedeutete, dass auch der tibetische Buddhismus zugänglich wurde.

“Im Westen erleben wir das Erwachen des Buddha, und im großen Lächeln des Buddha sind die Weisheit von Tibet, Indien, Japan, Thailand, Burma und Amerika alle miteinander verbunden. Wir haben den Schatz der buddhistischen Übungen erhalten, das Füllhorn von Mitgefühl und Weisheit, um uns zu nähren und für unsere Wahre Natur zu erwecken.”

JACK KORNFIELD

Es gibt derzeit über tausend buddhistische Meditationszentren in Amerika und eine ähnlich große Zahl in Europa. Viele folgen einer reinen Theravada-, Zen- oder tibetischen Tradition. Doch sind in unserer Zeit alle Traditionen gleichzeitig verfügbar , und so können Menschen Nutzen gewinnen aus einem eher eklektischen Ansatz und ihre Inspiration aus verschiedenen Schulen beziehen.

Wie sich der westliche Buddhismus entwickelt hat

Der größte Unterschied zwischen dem asiatischen und dem westlichen Buddhismus besteht vielleicht in der Rolle der mönchischen Lebensweise und den Übungswegen der Laien. In den östlichen buddhistischen Gesellschaften gibt es weiterhin die Tradition großer Klöster, die von einer Laiengemeinschaft unterstützt werden. Es gibt auch westliche Mönche und Nonnen und westliche Klöster, die unschätzbar sind in ihrem Beitrag, die asiatischen Traditionen rein zu erhalten, aber heutzutage sind die meisten westlichen Buddhisten Laien.

Oben:
Das Gaia-Haus, ein westliches, nicht-ökumenisches buddhistisches Zentrum in Newton Abbot, Devon, England. Dort werden „Einsichts-Meditationen" angeboten, die Menschen dabei unterstützen sollen, „Selbsterforschung und Verständnis durch die Übung von Achtsamkeit zu entwickeln".

Unten:
Westliche Buddhisten nehmen oft an Meditations-Retreats im Gaia-Haus teil, wo unterschiedliche Meditationstechniken geübt werden.

Rechts:
Eines der Hauptanliegen von Buddhisten ist der Ausdruck von Mitgefühl für andere. Das kann sich auf unterschiedliche Weise manifestieren, wie zum Beispiel hier, wo sich zwei Menschen um eine Frau mit einer unheilbaren Krankheit kümmern. Eine Reihe von Buddhisten sind Sozialarbeiter, aber sie können genauso gut auf weniger offensichtliche Weise „helfen".

Viele Buddhisten sind Frauen. Wegen der unterschiedlichen Rolle von Frauen im Westen kam es zu einer Aufweichung oder Abschwächung der patriarchalischen asiatischen Vorbilder, und als Ergebnis dessen gibt es heute viele Lehrerinnen. Es gibt auch einen kreativen Austausch zwischen Buddhismus und Psychotherapie.

Neue Trends im westlichen Buddhismus beinhalten einen sozialen Einsatz. So sehen wir buddhistische Kapläne in Gefängnissen, Buddhisten, die mit unheilbar Kranken und Obdachlosen arbeiten, und buddhistische ökologische und politische Aktionen. Thich Nhat Hanh hat den "engagierten Buddhismus" entwickelt, den er so beschreibt: "Engagierter Buddhismus bedeutet nicht nur, den Buddhismus zu nutzen, um soziale und politische Probleme zu lösen. Zuallererst müssen wir Buddhismus in unseren Alltag hineinbringen."

Es gibt Anfänge eines formalisierten westlichen Buddhismus in Organisationen wie den "Freunden des westlichen buddhistischen Ordens", der sich auf westliche Philosophie und Kunst sowie auf den Buddhismus beruft. Der Orden wurde vom Engländer Sangharakshita gegründet, der Buddhismus in Indien studiert hatte.

Wir erkennen an der Geschichte des Buddhismus in anderen Kulturen, dass wir uns in einem formativen Zustand des westlichen Buddhismus befinden. Das ist eine sehr kreative Periode, und es gibt heute eine Reihe von westlichen buddhistischen Autoren, Künstlern und Lehrern neben ihren asiatischen Pendants. Es handelt sich um eine außerordentlich fruchtbare Zeit für den Buddhismus, und wir erleben eine neue große Blütezeit jener Weisheit, welche der Buddha vor vielen Jahren lehrte.

KAPITEL 2

BUDDHISTISCHE PRINZIPIEN

„Alle Lehren Buddhas kann man in zwei Sätzen ausdrücken. Der erste lautet, 'Du musst anderen helfen'. Das umfasst alle Lehren des Großen Fahrzeugs (Mahayana). *Der zweite Satz ist, 'Wenn du das nicht tust, solltest du andere nicht schädigen'. Das ist die gesamte Lehre des Geringeren Fahrzeugs* (Hinayana). *Sie drückt die Grundlagen aller Ethik aus, die darin besteht, aufzuhören, andere zu schädigen. Beide Lehren beruhen auf dem Gedanken der Liebe, des Mitgefühls."*

DER DALAI LAMA

Was es bedeutet, ein Buddhist zu sein

Oben:
Meditation in einer Höhle ist im tibetischen Buddhismus eine überlieferte Methode, um Erleuchtung zu erlangen. Moderne Lehrer sagen jedoch, dass deine „Höhle" irgendwo und überall sein kann – in einem Büro oder sogar unter freiem Himmel.

Der Buddhismus ist weder ein Glaubenssystem noch eine abstrakte Philosophie. Er ist eine Lebensweise, die Lehren enthält, wie man sich verhalten soll und welche Eigenschaften zu pflegen sind. Seine Methode ist Meditation, etwas, was wir üben, anstatt es zu studieren. Wenn wir dem buddhistischen Pfad folgen, zielen wir darauf, zu unserer wahren Natur zu erwachen, zu den erleuchteten Eigenschaften eines Buddha.

"Der Weg des Buddha ist, sich selbst zu erkennen."

DOGEN

Oben:
Buddhisten bemerken, dass sich im Leben ständige Veränderungen ergeben, ganz gleich, was wir tun – so, wie Wasser über unsere Hände fließt. Der Schlüssel zum Glück ist, fähig zu sein, diese einfache Wahrheit zu akzeptieren.

Prinz Siddhartha gab Besitz und Freuden auf, und auch wir müssen eine Haltung der Entsagung entwickeln. Das bedeutet aber glücklicherweise nicht, dass wir unbedingt alles aufgeben und Jahre lang in einer Höhle leben müssten!

Entsagung bedeutet, sowohl unsere Verhaftung an jene Dinge zu lockern, die wir mögen, als auch unsere Abneigung gegen unangenehme Situationen und Gefühle. Grundlage dafür ist die Erkenntnis, dass keinem von beiden die Fähigkeit innewohnt, uns glücklich oder unglücklich zu machen.

Verlangen und Abneigung akzeptieren

Als Buddhisten können wir immer noch schöne Dinge haben und uns daran erfreuen, wenn sie aber fortgenommen werden, akzeptieren wir das und regen uns nicht darüber auf. Wir lernen, mit unseren Wünschen zu leben und unser Verlangen anzunehmen ohne den Zwang, es sofort befriedigen zu müssen. Gleichzeitig können wir lernen, unangenehme Dinge zu akzeptieren, ohne dagegen anzukämpfen. Wir können in der Gewissheit ruhen, dass alles, was uns ärgert, unbeständig ist und vergehen wird.

Eine fest geschlossene Faust versucht, Dinge zu ergreifen, sie entschlüpfen ihr jedoch, weil sie danach greift. Wenn wir unsere Hände jedoch öffnen, ergießen sich die Dinge hinein und können ungehindert weiterfließen. Wenn wir nicht versuchen, den natürlichen Fluss des Lebens zu kontrollieren, können wir uns daran erfreuen. Wenn wir unseren Griff lockern, werden wir offen; das macht uns für unsere Umwelt empfänglich.

Jeder sucht Glück, aber wie Buddha sagt: “Es gibt keinen Weg zum Glück – glücklich sein ist der Weg.” Wenn wir ein Leben führen, das von Mitgefühl und Weisheit geleitet wird, hilft uns das, Glück im Hier und Jetzt zu finden.

Häufige Missverständnisse

Oben:
Viele Buddhisten betrachten die Ernährung als etwas, was von der Kultur bestimmt wird. Die vegetarische Ernährung entspricht indes den Lehren des Buddha, keine anderen Wesen zu verletzen.

Wenn wir zum ersten Mal die Lehren Buddhas kennen lernen, können die Ideen so wunderbar erscheinen, dass wir meinen, ein Buddhist zu sein, wird uns irgendwie zu etwas Besonderem machen. Aber wir sollten nicht den Blick für das Alltägliche verlieren. Wir sind normal und besitzen dieselbe Natur wie alle anderen Wesen. Der einzige Unterschied ist, dass wir die Chance haben, für unsere Buddhanatur zu erwachen, indem wir den Lehren zuhören und sie in unserem Leben anwenden.

Es ist den Lehren Buddhas angemessen, sich vegetarisch zu ernähren, weil das der Regel entspricht, keine anderen Wesen zu verletzen (oder gar zu

> *„Wie leicht ist es, sich in der Faszination des Unheimlichen zu verlieren und die Gewöhnlichkeit von allem zu vergessen!"*
>
> STEPHEN BATCHELOR

Rechts:
Manche Buddhisten aus der japanischen und chinesischen Tradition beten für und zu ihren Ahnen, häufig in besonderen Gärten in einer angenehmen natürlichen Umgebung, in denen Monumente wie dieses stehen.

Links:
Buddhisten aus der japanischen Tradition schaffen gern konzentrische geometrische Formen und Figuren im Sand, um eine kontemplative Atmosphäre zu erzeugen, welche die Meditation begünstigt.

töten). Die Ernährungsweise wird oft kulturell bedingt. Tibeter essen Fleisch, weil es schwierig ist, in ihrem Klima Gemüse zu ziehen. Theravada-Buddhisten sind von Almosen abhängig und essen deshalb, was immer ihnen gegeben wird. Chinesische Buddhisten und Buddhisten in den Traditionen, aus der Chán-Schule und dem koreanischen Buddhismus, sind üblicherweise konsequente Vegetarier.

Der Buddhismus betont einen mittleren Weg, nämlich moderat zu essen, und das ist vielleicht bei diesem Thema am wichtigsten.

Die buddhistische Sicht des Todes

Manchmal hält man den Buddhismus für düster und pessimistisch, weil er lehrt, dass wir die Unausweichlichkeit des Todes betrachten sollen. Die Erkenntnis, dass wir sterben, wird uns jedoch vielmehr ermutigen, das Beste aus unserem Leben zu machen. Dann untersuchen wir, was Buddha darüber sagte, was uns glücklich macht, und wir versuchen, entsprechend seiner Lehren zu leben.

Der Buddhismus ist keine theistische Religion, und Buddha war kein Schöpfergott, wie es ihn im Christentum gibt. Das Nirvana ist kein Himmel; es ist ein Zustand der Erleuchtung, den man hier und jetzt erfahren kann. Ein erleuchtetes Wesen – ein Buddha, ein Bodhisattva – kann im Nirvana bleiben oder absichtsvoll in die Welt eintreten, zum Wohle aller Wesen. Somit ist Nirvana kein Ort, sondern es bedeutet die Auslöschung von Leiden, Illusion und Verlangen.

Zuflucht nehmen bei den Drei Juwelen

„Zuflucht zu nehmen bei den Drei Juwelen bedeutet, unseren Geist ganz zu öffnen für das Juwel des Buddha, indem wir verstehen, dass Buddhas oder Erleuchtete unsere vollkommenen Führer sind; für das Juwel des Dharma, den von Buddha aufgezeigten Lehren, indem wir verstehen, dass sie der vollkommene Pfad sind, der uns und alle anderen über das Leiden hinaus führt; für das Juwel des Sangha oder die spirituellen Freunde, indem wir verstehen, dass sie ganz und gar befähigt sind, uns zu helfen, unser inneres Verstehen aufgrund ihrer großen Inspiration zu verbessern" GHESHE WANGCHEN

Wenn wir uns zum buddhistischen Weg entscheiden, nehmen wir als Erstes Zuflucht bei den Drei Juwelen. Das bedeutet, dass wir sie zu unserer Führung annehmen. Normalerweise nehmen wir Zuflucht bei äußeren Dingen – zum Beispiel beim Essen, wenn wir Hunger haben –, aber diese Dinge vermitteln nur eine vorübergehende Befriedigung. Der Buddha, das Dharma und der Sangha sind innere Quellen und zuverlässige Objekte der Zuflucht.

Wir nehmen Zuflucht beim Buddha, weil er über das Leiden hinaus gegangen ist und große Weisheit und Mitgefühl entwickelt hat. Buddha möchte allen

Links:
Die erste förmliche Verpflichtung zum Buddhismus besteht darin, das Gelübde der Zuflucht aufzunehmen – seine eigene Buddhanatur zu fördern und die eigene Entscheidung zu stärken, die Lehren Buddhas zu studieren und zu verwirklichen.

helfen, ganz gleich, wer sie sind oder was sie getan haben.

Zuflucht beim Buddha zu nehmen weist darauf hin, offen zu sein und sich auf die unbegrenzte Liebe, das Mitgefühl und die Weisheit jener zu verlassen, die Erleuchtung erlangt haben. Es bedeutet, das Potenzial der eigenen Buddhanatur, die Samen der Erleuchtung zu kultivieren.

Um frei zu sein von Leiden, müssen wir erst wissen, was Leiden ist und welche Ursachen es dafür gibt. Wir nehmen Zuflucht beim Dharma, dem wahren Schutz vor Leiden, indem wir in unserem Studium Weisheit entwickeln und die Lehren des Buddha praktizieren.

Zuflucht im Dharma meint das Vertrauen, dass die Lehren des Buddha uns letzten Endes zur Erleuchtung führen werden, wenn wir die Methoden anwenden, die er lehrte. Es bedeutet auch, die eigene innere Weisheit zu entwickeln, die uns deutlich macht, was richtig und was falsch ist.

Ohne Inspiration durch spirituelle Freunde und Lehrer werden wir wahrscheinlich Probleme haben, die es uns schwer machen, Dharma und Meditation zu üben. Also nehmen wir Zuflucht beim Sangha und folgen ihrem Beispiel, wenn wir Schwierigkeiten begegnen.

Oben:
Tibetische buddhistische Klöster bringen jungen Mönchen die tibetische Sprache bei, damit sie einen besseren Zugang zum Reichtum an Wissen erlangen, der ihnen in alten buddhistischen Texten zur Verfügung steht.

Oben
Zuflucht beim Sangha zu nehmen bedeutet, dass man Fragen austauscht und Antworten zusammen mit Menschen sucht, welche die buddhistische Philosophie und ihre Praktiken genauso ernsthaft wie man selbst angehen.

Zuflucht beim Sangha bezieht sich auf unsere spirituellen Freunde. Wenn wir miteinander sprechen, können wir uns über Erfahrungen austauschen, Antworten auf Fragen finden und Probleme lösen. Zusammen zu meditieren kann inspirieren und Vertrauen stärken. Zuflucht beim Sangha bedeutet auch zu erkennen, dass wir auch selbst unseren Freunden helfen können.

Unsere Haltung kultivieren

Um ganz und gar Zuflucht zu nehmen bei den Drei Juwelen, müssen wir zwei geistige Eigenschaften kultivieren. Wir müssen wirklich von Leiden frei sein wollen. Wir müssen auch ernsthaft daran glauben, dass die Drei Juwelen uns helfen können. Dann haben wir wirklich Zuflucht genommen.

Die Drei Gifte und die Fünf Behinderungen

Das Rad des Lebens

Das Rad des Lebens zeigt, wie wir im Samsara gefangen sind. In der Mitte sehen wir drei Tiere, welche drei Gifte symbolisieren. Man sieht, dass sie sich gegenseitig auffressen. Darin kommen die endlosen Zyklen von Leiden zum Ausdruck, in denen ein Gift die Ursache für das nächste Gift legt.

Das Schwein stellt Ignoranz, Blindheit und Täuschung dar. Das bezieht sich auf unsere irrige Wahrnehmung der Welt; wir glauben, dass die Dinge unabhängig voneinander bestehen und bleibende Befriedigung geben. Wir glauben auch, dass wir konkret und eigenständig existieren, anstatt in Abhängigkeit von unterschiedlichen Bestandteilen und äußeren Bedingungen.

Das Unwissen über die wahre Natur der Dinge führt zum Verlangen, das der Hahn repräsentiert. Wir meinen, dass ein von uns begehrtes Objekt bleibendes Glück bringen wird. Damit entstehen Verlangen, Begierde und Lust, die Leiden verursachen. Denn sobald wir etwas von dem erhalten, was wir wünschen, möchten wir etwas anderes.

Unbefriedigte Begierde führt zu Hass und Zorn, die von der Schlange symbolisiert werden. Wir stellen die Erfüllung unserer Wünsche über das Wohlergehen anderer. Wenn wir dann nicht bekommen, was wir wollen, fühlen wir Hass oder Ärger über jemanden, der das Objekt hat, nach dem wir begehren.

„Wenn wir unglücklich und unzufrieden sind, werden wir leicht frustriert, und das führt zu Gefühlen von Hass und Zorn." DER DALAI LAMA

Ärger und Hass verhindern, dass wir klar denken. Wenn wir unter diesen Gefühlen leiden, sind wir unfähig, unsere irrige Auffassung darüber zu verändern, wie die Dinge sind, was uns in Unwissen hält.

Gibt es für dieses sich selbst immer weiter fortsetzende Leiden ein Ende? Wir sehen links oben Buddha, der außerhalb des Rads des Lebens steht und auf den Mond zeigt. Er symbolisiert die Befreiung von Unwissen, Verlangen und Hass – den Ursachen von Leiden. Zuflucht bei den Drei Juwelen zu nehmen hilft uns, uns von den drei Giften und den fünf Behinderungen zu befreien.

Die Fünf Behinderungen

Buddha beschrieb fünf mentale Zustände, die unseren spirituellen Fortschritt behindern und Leiden fortsetzen. Sie sind: (1) sinnliche Begierde, (2) üble Absichten, (3) Faulheit und Trägheit, (4) Sorgen und Ruhelosigkeit und (5) verwirrter Zweifel.

Wir können dem Pfad von Buddha allgemein folgen oder spezielle Mittel anwenden. Wenn wir ein überwältigendes Verlangen nach einem anderen Menschen spüren, können wir unser Leiden vermindern, indem wir über die Natur seines Körpers meditieren. Wir können visualisieren, woraus der Körper besteht und wie er sich beim Tod auflöst. Wir können bewusst gute Absichten jemandem zukommen lassen, gegenüber dem wir üble Absichten spüren. Wir können darüber meditieren, dass auch dieser Mensch glücklich sein und Leiden vermeiden möchte, genauso wie wir.

Faulheit und Trägheit werden am besten überwunden, indem man weniger isst und sich mehr bewegt. Sorgen und Ruhelosigkeit erwachsen oft aus einem unruhigen Gewissen, also sollte man negative Handlungen bereuen und sich entschließen, sie nicht wieder zu begehen, um Sorgen zu vermindern. Verwirrter Zweifel, im Gegensatz zu skeptischen Fragen, welche nützlich sind, wird am besten durch mehr Übung und Studium der Lehren Buddhas kuriert.

Unten:
Dieses Bild zeigt eine chinesisch-tibetische Darstellung des Rads des Lebens aus dem 20. Jahrhundert.

Karma

„Karma heißt wörtlich Aktion; es bezieht sich auf gewollte Handlungen von Körper, Sprache und Gemüt. Alle Handlungen auf diesen drei Ebenen, mit Ausnahme denen eines Buddhas, bilden feine Samen, die nach einer gewissen Zeit weitere Folgen hervorbringen."

JOHN SNELLING

Karma wird oft das Gesetz von Ursache und Wirkung genannt. Das heißt, dass jede Handlung, die wir ausführen, eine Ursache darstellt, die irgendwann einmal – vielleicht sogar erst in einer künftigen Wiedergeburt – eine Wirkung nach sich zieht. Falls wir etwas Schlechtes tun, werden wir negative Resultate erfahren; falls wir etwas Gutes tun, werden wir positive Resultate erfahren.

Auf diese Weise wirkt Karma ethisch sehr gerecht. Das kann helfen, uns achtsam zu verhalten, weil wir wissen, dass, wenn wir etwas Schlechtes tun, unser Karma früher oder später heranreifen wird und wir die Früchte unserer negativen Aktion ernten werden.

In dem Maße, in dem wir durch buddhistische Praktiken Mitgefühl entwickeln, werden wir auf ganz natürliche Weise ethischer, und wir werden motivierter, anderen zu helfen – nicht nur, um karmische Pluspunkte für uns selbst anzusammeln. Karma funktioniert nicht wie ein Bankkonto mit Soll und Haben! Buddha wies darauf hin, dass es auf sehr

Links:
Karma reift auf subtilen Ebenen heran. Wie ein Samenkorn, das hervorsprießt, können unsere Handlungen jederzeit Frucht tragen.

subtile Weise wirkt und man nicht wissen kann, wann eine bestimmte Handlung zu einer Auswirkung führt. Um der Neigung zu begegnen, karmische Guthaben anzusammeln, die sich kurzfristig, in diesem Leben noch, auswirken sollen, geben buddhistische Texte an, dass die meisten Handlungen unseres gegenwärtigen Lebens erst in künftigen Leben Frucht tragen werden.

Wir sammeln Karma an durch Aktionen des Körpers, des Sprechens und durch Gefühle und Gedanken sowie durch die Motivationen, die ihnen zugrunde liegen, und die Resultate, die sich daraus ergeben. Daran erkennen wir, wie wichtig die Absicht hinter einer Tat sein kann. Geringere und größere Wirkungen ergeben sich daraus, wie vollständig eine Handlung ist.

Eine Handlung ist vollständig, wenn Absicht, Tat und Ergebnis geschehen. Falls eines der drei Elemente nicht vorhanden ist, ist die karmische Auswirkung dementsprechend geringer. Falls wir also aus Versehen auf ein Insekt treten, ohne Absicht, und wir das Ergebnis unserer Tat bedauern, ist die karmische Wirkung geringer, als wenn wir absichtlich darauf getreten wären und uns über seinen Tod gefreut hätten.

Zwei Kategorien von Handlungen

Karma ist jedoch mehr als ein moralischer Maßstab. Wie bei allen buddhistischen Übungen besteht die Motivation darin, Erleuchtung zu erlangen und dem Kreislauf von Geburt und Tod zu entrinnen. Im Hinblick darauf werden alle Handlungen in zwei Gruppen unterteilt, entsprechend ihren Motivationen und Resultaten. Sie werden nicht an sich als gut oder schlecht beurteilt.

Samsarische Taten sind jene, die aus Unwissen und aus den widersprüchlichen Emotionen entstehen, die von Unwissen hervorgerufen werden. Sie alle führen in eine zukünftige Wiedergeburt. Ob das eine gute Wiedergeburt ist, wie die kostbare menschliche Wiedergeburt, oder eine schlechte Höllenebene, hängt davon ab, ob die Handlungen ganzheitlich, nützlich und verdienstvoll oder einseitig und ohne Verdienst waren.

Handlungen, die zu Befreiung führen, sind solche, die ganzheitlich sind und vom Motiv getragen werden, vom Samsara frei zu sein.

Links:
Nur Freiheit vom Samsara gibt dauerhaftes Glück, deshalb kultivieren Buddhisten Handlungen, die vom Wunsch zu erwachen motiviert sind.

Rechts:
Eine Handlung kann als ganzheitlich und nützlich eingestuft werden, beispielsweise wenn Mönche den Boden eines Raums fegen, damit andere ihn benutzen können.

Wiedergeburt

“Wiedergeburt sollte man nicht mit Reinkarnation verwechseln. Reinkarnation geht von einer Seele oder subtilen Essenz aus, die von einem dauerhaften persönlichen Stempel geprägt ist und die Zeitalter hindurch von Körper zu Körper wandert oder pendelt. Der Buddhismus weist diese Sicht natürlich zurück. Er gesteht jedoch zu, dass es eine kausale Verbindung zwischen einem Leben und dem nächsten gibt.”

JOHN SNELLING

Oben:
Das Bild eines Schmetterlings, der aus einem Kokon schlüpft, ist ein eindringliches Symbol von Tod und Wiedergeburt.

Es hilft uns, unseren eigenen Tod zu akzeptieren, wenn wir über Wiedergeburt nachdenken, ohne in eines der beiden Extreme von Ewigkeitswahn oder Nihilismus zu verfallen. Wenn wir die unausweichliche Tatsache unseres eigenen Todes betrachten, ermutigt uns das, unser Leben recht zu führen und das Beste aus der Zeit in diesem Leben zu machen.

Wir können überlegen, dass wir ständig, von Augenblick zu Augenblick, sterben und wiedergeboren werden. Die Wissenschaft zeigt uns, dass alle einzelnen Zellen, welche unseren Körper bilden, alle paar Stunden oder Tage ersetzt werden. Wenn wir morgens aufwachen ist auch das wie eine Wiedergeburt.

Diese Sicht von Wiedergeburt ist, weil sie unsere Aufmerksamkeit im Hier und Jetzt hält, konstruktiver als über frühere oder künftige Leben zu spekulieren. Der Buddhismus spricht von der Kostbarkeit der menschlichen Wiedergeburt, weil wir darin die Chance haben, in diesem Augenblick bereits für unsere Buddhanatur zu erwachen.

Die Ebenen der Existenz

Die buddhistischen Lehren von der Wiedergeburt beschreiben unterschiedliche Bereiche von Sein, einschließlich von Ebenen der Hölle, der Tiere und der hungrigen Geister, die meistens voll unerträglichen Leiden sind. Es gibt demzufolge auch wunderbare Götterebenen sowohl von Göttern mit als auch ohne Form und Gestalt sowie die menschliche Ebene.

All diese Ebenen sind vergänglich, obwohl manche davon Äonen dauern können. Wir werden in die eine oder andere gemäß unseres Karmas hineingeboren, das zum Zeitpunkt unseres Todes reift. Die Beschreibungen von Höllenreichen dienen dazu, uns Angst zu machen, dort wiedergeboren zu werden, und so sind sie nützlich, uns zu helfen, ethisch zu leben.

Beschreibungen von Götterreichen erinnern uns daran, dass sie zwar herrlich sind, aber wir selbst dann, wenn wir dort wiedergeboren werden, eines Tages sterben und unter Umständen auf einer niedrigen Ebene wiedergeboren werden. Diese Lehre hilft uns zu erkennen, dass Samsara vergänglich ist und die Befreiung aus dem gesamten Kreislauf der Existenzen günstiger ist, als ein vergängliches geringeres Glück anzustreben.

Unsere kostbare menschliche Geburt ist die einzige Ebene, auf der wir die Chance besitzen zu erwachen, und sie ist daher die beste. Auch dann, wenn wir Leiden erleben, ist dies ein Ansporn, sich vom Samsara zu befreien. Buddha hat das Gleichnis der blinden Schildkröte benutzt, die nur alle hundert Jahre einmal in einem riesigen Meer auftaucht, auf dessen Oberfläche ein kleines goldenes Joch schwimmt. Er verglich die Chance, dass die Schildkröte ihren Kopf in das Joch stecken würde mit unserer Chance, eine kostbare menschliche Geburt zu erlangen. Wir sollten die Befreiung also jetzt suchen, in dieser Lebensspanne, weil eine weitere Gelegenheit dazu sehr, sehr lange Zeit nicht mehr auftauchen könnte.

Unten:
Ein Mönch entzündet Butterlampen im Johkang-Tempel in Lhasa. Die Flamme einer alten Lampe, welche eine neue Lampe entzündet, ist weder dieselbe noch eine andere Flamme. Es ist einfach Energie übertragen worden.

Vergänglichkeit

„Alles, was geboren wird, bleibt nicht unvergänglich im selben Zustand. Es wächst, wird alt und stirbt dann. Alle Dinge in der Natur, sogar das Universum, haben ihre eigene Lebensspanne, kennen Geburt und Tod, Anfang und Ende. Alles, was wir wahrnehmen und uns vorstellen können, ist Wandel, ist vergänglich. Also kann dich das niemals immerwährend zufrieden stellen."

AJAHN SUMEDHO

Unten:
Wenn etwas lange genug besteht, verändert es sich und wird alt. Der Buddhismus lehrt, dass Alter, Krankheit und Tod unvermeidlich sind und dass sie natürliche Folgen von Geburt, Gesundheit und Leben darstellen.

Vergänglichkeit ist eines der klassischen Drei Merkmale des Seins, neben Leiden und der Lehre vom Nicht-Selbst. Vergänglichkeit, die *anicca* genannt wird, können wir in unserem eigenen Leben leicht erkennen. Manche Dinge verändern sich so schnell, dass wir zuschauen können, wie sie sich auflösen. Andere Phänomene brauchen länger, wenn wir zum Beispiel Wasser betrachten, das über einen Stein fließt; wir spüren, dass er eines Tages vom Wasser abgetragen sein wird.

Phänomene sind ihrem Wesen nach vergänglich. Sie sind zeitlich begrenzt, existieren nur einen Augenblick lang; und ganz gleich, wie lang oder kurz es dauern mag, die Bedingungen, welche zu ihrer Existenz geführt haben, werden sich auch wieder verändern, und deshalb werden sich auch die von ihnen bewirkten Phänomene verändern oder aufhören zu existieren.

Es gibt etwas sehr Quälendes im Hinblick auf die Vergänglichkeit, und die Kürze des Seins ermutigt uns, es noch mehr zu schätzen. Die Vergänglichkeit wurde im Verlauf der Jahrhunderte von Dichtern und Bühnenautoren gewürdigt, zum Beispiel vom Romantiker Keats: “Sie wohnt in Schönheit, Schönheit, die sterben muss”, bis hin zum Existentialisten Beckett “Über einem Grab geboren”. Das fasst die buddhistische Sicht der Dinge und Ereignisse, die in sich von Geburt an die Saat des Abschieds tragen, in einem Satz zusammen.

Unten:
Buddhisten beobachten, wie in der Natur selbst etwas so Festes wie ein Stein mit der Zeit von Wind und Regen abgetragen wird.

Ein Mittel gegen Verhaftung

Meditation über Vergänglichkeit ist eine große Unterstützung, um unsere Verhaftung zu verringern. Wenn wir untersuchen, warum wir an Menschen und Objekten festhalten, wird klar, dass wir ihnen mit der Erwartung unveränderlicher Wirklichkeit begegnen. Wenn wir von jemandem ganz hingerissen sind, spüren wir ein starkes Verlangen nach der Person, wie sie zu dieser Zeit existiert. Doch der Mensch verändert sich von Augenblick zu Augenblick und sieht in wenigen Wochen auch ganz anders aus und verhält sich ganz anders, geschweige denn in einigen Jahren. Regelmäßige Meditation über Vergänglichkeit vermindert unsere Verhaftung und verringert deshalb das Leiden, das wir in Bezug auf andere Menschen und Ereignisse erfahren. Es ist auch nützlich, über unsere eigene Vergänglichkeit zu meditieren, dass auch wir uns von Augenblick zu Augenblick verändern, angefangen von den Zellen bis hin zu den Bedingungen, unter den wir leben. Wenn wir uns der vergänglichen Natur unseres Lebens nicht bewusst sind, werden wir von unserem Verlangen nach Freuden und unserem Festhalten an Glück leicht in die Irre geführt. Glück ist kurzlebig und wird von Unglück unterbrochen. Wir sollten also durchaus Glück genießen, wenn es sich ergibt, uns aber bewusst bleiben, dass es sich kurzfristig ändern kann, damit wir nicht an den angenehmen Gefühlen festhalten, die das Glück bewirkt. Wenn dann unvermeidlich Unzufriedenheit an seine Stelle tritt, erleben wir weniger Leiden.

Bewusstheit der Vergänglichkeit hält uns auf dem Pfad Buddhas. Wir werden von Menschen, Dingen und Ereignissen weniger abgelenkt, weil wir wissen, dass es in ihrer Natur liegt, aufzutauchen und wieder zu verschwinden. Natürlich verbringen wir dann Zeit damit, über die Lehren Buddhas und ihre Bedeutung in unserem Leben nachzudenken .

Buddha sagte einst, dass so wie die Spur des Elefanten die größte aller Tierspuren ist, die Meditation über Vergänglichkeit die machtvollste Meditation sei.

Tod

Oben:
In Kathmandu, Nepal, wird ein Körper verbrannt. Der Tod ist so sicher wie unsere Geburt und mag nur einen Atemzug entfernt sein. Buddhisten, die erkennen, wie zerbrechlich und kostbar das Leben ist, streben danach, das Leben voller Bewusstheit zu führen.

"Jeder, der einen Körper hat, weiß ganz sicher, dass er geboren wurde und sterben wird, und kann das mit eigenen Augen sehen ..."

JONGMOK SUNIM

Der Tod ist ein Thema, an das wir normalerweise wenig denken, bis er zu jemandem kommt, den wir kennen. Es ist jedoch ganz sicher, dass wir sterben werden, und Zeit und Art unseres Todes sind ungewiss. Doch neigen wir dazu, unser Leben so zu führen, als ob wir sicher wären, dass wir sehr alt würden und friedlich im Schlaf stürben. Wir beachten nicht, wie zerbrechlich unsere Lebenskraft ist, die vom harmonischen Zusammenwirken aller unserer Körpersysteme abhängt. Das Leben – oder der Tod – ist nur einen Atemzug entfernt.

Über die Gewissheit unseres Todes zu meditieren gestattet uns paradoxerweise, unser Leben voller zu leben in der Freude über das, was uns der Augenblick bietet. Das plötzliche Spiel von Licht und Schatten, wenn die Sonne hinter einer Wolke verschwindet, Vogelgesang oder ein Lächeln werden bedeutsamer, wenn wir erkennen, dass sie das letzte Erlebnis sein könnten, bevor wir sterben.

Buddhas Geschichte

Der Buddha erzählte eine Geschichte von einer schmerzergriffenen Frau, die ihn aufsuchte, während sie den Leichnam ihres kleinen Jungen an ihr Herz

drückte. Sie berichtete, wie viele Jahre sie daraufhin gelebt hatte, ein Kind zu bekommen, und da er nun in so jungen Jahren verstorben war, war sie untröstlich. Sie bat den Buddha, ein Wunder zu vollbringen und ihren Sohn wieder zum Leben zu erwecken.

Buddha blickte voller Mitgefühl auf sie, war sich ihres fürchterlichen Schmerzes bewusst und dachte eine Weile nach, wie er ihr am besten helfen könnte. Dann sagte er, dass, falls sie ihm ein Senfkorn aus jedem Haushalt bringen würde, in dem noch keiner gestorben sei, er ihr helfen könnte. Die Frau gewann merklich neuen Mut, dankte ihm und ging mit dem Baby im Arm ins Dorf.

Den ganzen Tag lang klopfte sie an Türen und fragte: "Ist hier jemand gestorben?" Sie fand jedoch keinen einzigen Haushalt, in dem nicht irgendein Familienmitglied gestorben war. Am Abend fühlte sie sich erschöpft und hatte trotz all ihrer Bemühungen kein einziges Senfkorn erhalten. Sie setzte sich nieder, um nachzudenken über die Bitte des Buddha und die darin verborgene Lektion.

Sie überlegte: "Ist das nicht die Natur aller lebenden Dinge? Alle, die geboren worden sind, müssen gewisslich sterben." Allmählich erkannte sie, dass der Buddha ihr diese grundlegende Lehre des Lebens vermittelt hatte, eine Lehre allerdings, die nur schwer zu erlernen ist. Das Verstehen, das sie aufgrund der Fertigkeit und Weisheit Buddhas erlangt hatte, erlaubte ihr, den Tod ihres Kindes anzunehmen.

Ob reich oder arm, gut oder schlecht, jung oder alt: Wir alle sind gleichermaßen machtlos, wenn der Tod kommt. Wir können weder materielle Besitztümer mitnehmen noch geliebte Menschen. Alle unsere wundervollen Erfahrungen sind für immer vergangen. Das Einzige, was uns von irgendeinem Nutzen ist, wenn wir sterben, ist ein ruhiges Gemüt und ein ruhiger Geist, damit wir dem Tod mit Frieden begegnen. Jetzt ist es die Zeit, Buddhas Lehre zu hören und Meditation zu üben, um unser Gemüt zu schulen und um zu erwachen, bevor dieses kostbare Leben vergangen ist.

Links und Unten:
Menschen in östlichen Ländern werden durch die Verbrennung von Körpern unter freiem Himmel (links) und an Orten wie dem Mankarnika Ghat am Ganges in Varanasi, Indien (unten), an den Tod erinnert. Im Westen täuschen wir uns selbst, indem wir den Tod hinter verschlossenen Türen versteckt halten.

Wechselseitige Abhängigkeit

“Wenn der Buddhismus keinen Versuch macht, die Idee eines Schöpfers zu entwickeln, und wenn sich die Dinge nicht von selbst schaffen, wie entstehen die Phänomene dann?”

JOHN SNELLING

Wir haben gesehen, dass Karma die Lehre von Ursache und Wirkung ist. Wechselseitige Abhängigkeit oder der bedingte bzw. abhängige Ursprung führt das weiter aus, indem gezeigt wird, dass alle Phänomene – auch wir selbst – von Ursachen geschaffen worden sind, die innerhalb unseres Universums bestehen. Aus der buddhistischen Sicht gibt es keinen äußeren Wirkfaktor; alles wird von etwas Früherem verursacht und später selbst zur Ursache von anderen bzw. künftigen Dingen. Abhängig bedingter Ursprung, den man *pratitya samutpada* nennt, bedeutet also, dass jedes Phänomen von verschiedenen Ursachen und Bedingungen abhängt, die es in die Existenz gebracht haben. Ohne diese Ursachen und Bedingungen könnte das Phänomen einfach überhaupt nicht existieren. Eine Blume ist zum Beispiel von einem Samen abhängig, von der Person, der diesen gesät hat, von Boden, Sonne und Regen, die dem Samen erlaubt haben, zu keimen und zu wachsen. Das sind die Ursachen und Bedingungen, ohne welche die Blume nicht existieren würde – sie hat unabhängig von ihnen keine Existenz.

Es gibt ein hübsches Bild, das die wechselseitige Abhängigkeit darstellt, das Indras Juwelennetz genannt wird. Denken wir an einen klaren und wolkenlosen dunklen Nachthimmel, an dem Millionen von Sternen funkeln. Dann stellen wir

Unten:
Wie ein Sternenhimmel ist das Netz des Gottes Indra, in dem sich die Juwelen ineinander spiegeln, ein eindrucksvolles Symbol der gegenseitigen Abhängigkeit.

uns vor, dass feine Linien jeden Stern mit dem anderen verbinden. Das ist wie Indras Netz, in dem sich jedes Juwel in jedem anderen spiegelt; das gesamte Netz ist abhängig von all seinen Bestandteilen.

Die Zwölf Verbindungsglieder des bedingten oder abhängigen Ursprungs

Wenn wir zum Rad des Lebens zurückkehren und den äußersten Ring betrachten, sehen wir, dass zwölf Verbindungsglieder des bedingten oder abhängigen Ursprungs symbolisch dargestellt werden. Es sind (wir beginnen oben und gehen im Uhrzeigersinn herum): Wir können in unseren eigenen Leben feststellen, wie diese Faktoren wirken. Im irrigen Glauben, dass es uns glücklich macht, begehren wir ein schönes Haus, das wir uns jedoch nicht leisten können. Als Folge müssen wir eine zusätzliche Arbeit annehmen, was uns keine Zeit mehr lässt, sie mit unserem Partner zu verbringen. Unsere Beziehung geht in die Brüche, und wir greifen zum Alkohol, der schließlich zu Leberkrebs führt und zu einem frühen Tod. Das schafft die Ursache für eine Wiedergeburt unter ähnlichen Bedingungen, bis wir die Lektion lernen und aus diesem Kreislauf des Leidens ausbrechen. Vielleicht ist das etwas schwierig nachzuvollziehen, aber wir kennen auch in unseren westlichen Kulturen ein Sprichwort, welches die Vorstellung des bedingten oder abhängigen Ursprungs zum Ausdruck bringt: "Eins führt zum anderen."

Leere

„Das Selbst ist vielleicht nicht etwas, aber es ist auch nicht nichts. Es ist einfach unfassbar, unauffindbar. Ich bin der, der ich bin, nicht aufgrund eines grundlegenden Selbstes, das im Kern meines Wesens verborgen ist, sondern aufgrund der einmaligen und unwiederholbaren Matrix von Bedingungen, welche mich geformt haben."

STEPHEN BATCHELOR

Leere oder *sunyata* bedeutet die Abwesenheit einer eigenen unabhängigen Existenz, den Mangel irgendeiner bleibenden oder sich selbst erhaltenden Essenz. Das heißt, dass alle Dinge, die auftauchen, von Ursachen und Bedingungen abhängig sind, wie wir es beim Thema Karma und gegenseitige Abhängigkeit sahen.

Leere bezieht sich sowohl auf uns selbst wie auf die Phänomene. Jedoch sollten wir nicht denken, wir seien Nichts, nur weil wir nicht auf jene Weise existieren, wie wir meinen. Es ist nützlich, dass wir uns eher als einen laufenden Vorgang betrachten denn als eine feste Sache.

Die buddhistische Philosophie unterscheidet zwei Ebenen von Wahrheit. Die konventionelle Wahrheit ist, wie wir sehen, wie die Welt und wir selbst existieren. Die zweite Wahrheit ist, wie die Dinge wirklich existieren und wie der Buddha die Welt sieht. Also existieren wir durchaus und offensichtlich auf eine konventionelle Weise, und es wäre albern, das zu leugnen. Vom Blickpunkt der letzten Wahrheit jedoch existieren wir nur aufgrund der Abhängigkeit von Ursachen und Bedingungen; demzufolge gibt es keine eigene Existenz unseres Seins.

Die Schlange und das Seil

Der tibetische Philosoph Je Tsong Khapa hat dafür eine Analogie genannt. Wir gehen zum Holzschuppen. Drinnen ist es dunkel, und wir starren in die Finsternis, um Holz zu finden. Plötzlich sehen wir eine Schlange. Wir werden von Furcht erfüllt und wollen weglaufen. Nach einer Weile bemerken wir, dass sich die Schlange nicht bewegt. Vorsichtig nähern wir uns, bereit, wegzulaufen, sobald sie sich

Links:
Es kann befreiend wirken, über die Leere zu meditieren, über die Leere unseres Lebens und der Dinge darin.

bewegt. Als wir näher kommen, sehen wir, dass es sich um ein aufgerolltes Seil handelt und sind mächtig erleichtert. Als wir das Seil in der Finsternis sahen, erschien es unserem Gemüt als eine Schlange und verursachte Furcht. Das war jedoch nur die Unterstellung unseres Denkens. Unsere Wahrnehmung darüber, was die Realität der Dinge ist, kann falsch sein, wenn die Wahrnehmung auf den Sinnen beruht. Wir sitzen auf einem Stuhl und meditieren. Wir hören einen Vogel singen. Wo hört der Klang auf, und wo beginnt unser Hören? Wir stehen vom Stuhl auf und machen eine Tasse Tee und stellen die Tasse dann auf den Stuhl. Nun dient der Stuhl als Tisch. Ist es immer noch ein Stuhl? Falls wir ein Stuhlbein wegnehmen – ist es immer noch ein Stuhl? Der Stuhl könnte nicht ohne den Baum bestehen, und auch nicht ohne den Schreiner. Sind das Holz und der Schreiner Teile des Stuhls? Die Dinge sind nicht so festgefügt, wie wir üblicherweise meinen, dennoch leben wir mit der Täuschung, dass Dinge auf konkrete Weise existieren. Die Leere zu erkennen, wie wir und die Objekte existieren, wirkt befreiend. Es vermindert unsere Verhaftung an die Dinge und gibt uns die Freiheit, außerhalb der Zwangsjacke der Rollen zu leben, die wir spielen. Natürlich müssen wir diese Rolle weiter spielen – als Mutter, Mann, Ingenieur usw. –, aber wir müssen diese Rolle nicht mit dem verwechseln, der wir wirklich sind.

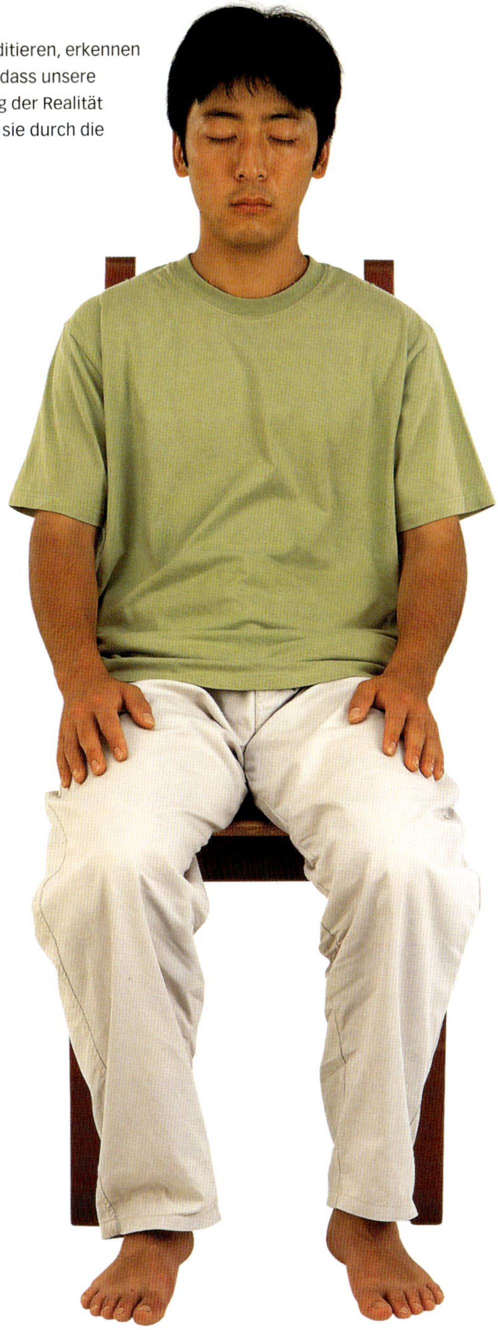

Rechts:
Wenn wir meditieren, erkennen wir vielleicht, dass unsere Wahrnehmung der Realität irrig ist, wenn sie durch die Sinne erfolgt.

Links:
Wenn wir erkennen, dass jedes Objekt, z.B. ein Stuhl, eine Summe von Teilen ist, die vorübergehend zusammengekommen sind – dass sich jeder Teil vom Stuhl auf etwas anderes bezieht und deshalb keine eigene Identität hat –, können wir beginnen die Vorstellung von Leere oder *sunyata* zu verstehen.

Der Edle Achtfältige Pfad

Die acht Punkte des Pfades fallen unter drei Kategorien: Weisheit, Moral und Meditation. Diese Dinge müssen jedoch gemeinsam kultiviert werden; sie sind nicht darauf angelegt, dass man sie linear hintereinander erlernt. Weisheit, Moral und Meditation bereichern und verstärken sich gegenseitig; ihre Summe ist größer als die Teile. Weisheit schließt die Rechte Sichtweise oder Verstehen ein und Rechte Gedanken oder Rechtes Denken; Moral schließt Rechtes Sprechen, Rechte Handlungsweise, Rechten Lebensunterhalt und Rechte Bemühung ein; und Meditation schließt Rechte Achtsamkeit und Rechte Konzentration ein.

Rechte Sichtweise oder Verstehen

„Rechte Sichtweise ist der Vorläufer des gesamten Pfads, der Anführer für alle anderen Faktoren" (Bhikkhu Bodhi). Wenn wir verstehen, dass das Leben von Unzufriedenheit durchdrungen wird, und akzeptieren, dass es einen Ausweg gibt, dann werden wir erkennen, dass es am sinnvollsten ist, spirituellen Anleitungen wie denen des Buddha zu folgen. Allerdings brauchen wir ein Verstehen aus eigener Erfahrung, nicht nur ein intellektuelles, theoretisches Verstehen.

Wenn wir selbst die Lehren des Buddha über Leiden und Unzufriedenheit in unserem Leben gründlich überprüft haben und sie uns dann wahr erscheinen, werden wir sicher sein, dass seine Lehren darüber, wie man dem Leiden entflieht, praktisch funktionieren werden. Den Lehren einfach zu glauben ist nur eine andere Form von Unwissen oder blindem Glauben.

Deshalb gehört die Rechte Sichtweise zur Weisheit. Sie umfasst auch die Erkenntnis, dass wir für unser eigenes Schicksal verantwortlich sind, dass nur wir ändern können, wie wir leben. Wir können die Umstände oder die Menschen nicht ändern, aber wir können unsere Reaktionen darauf verändern. Die Rechte Sichtweise ist die Grundlage des spirituellen Pfads.

„Der Weg zur Beendigung allen Leidens, was Befreiung oder Freiheit bedeutet, ist die vierte edle Wahrheit, der edle achtfache Pfad."

AYYA KHEMA

Auf dem Pfad bleiben

Ohne die Rechte Sichtweise können wir leicht vom Pfad abgelenkt werden und vom Weg abkommen. Unsere Sichtweisen und Überzeugungen sind wichtig, unsere Einstellungen und Handlungsweisen zu bestimmen, obwohl wir vielleicht nur eine vage Vorstellung davon haben. Unsere Sichtweisen formen unsere Wahrnehmungen und begründen unsere Werte. Sie schaffen einen Rahmen, innerhalb dessen wir die Welt und den Sinn unseres Daseins deuten.

Auf diese Weise bedingen unsere Sichtweisen, wie wir handeln, sie beeinflussen unsere Entscheidungen und Anstrengungen, unsere Ideale zu erreichen. Sie helfen uns zu entscheiden, was zu tun ist. Buddha hat gelehrt, dass es zwei unterschiedliche Arten von Sichtweisen gibt. Falls wir eine falsche oder vage Sichtweise haben, kann uns das zu Handlungen führen, die in Leiden enden. Falls wir jedoch die Rechte Sichtweise haben, wird uns das zur Rechten Handlungsweise lenken und damit zur Freiheit von Leiden.

Das nennt man die Weltliche Rechte Sichtweise, die allein uns jedoch nur zu weniger Leiden innerhalb der zyklischen Existenz führen wird. Sie führt noch nicht zum Erwachen, welches der höchste Zweck ist, wenn man den Weg des Buddha praktiziert. Es gibt also noch eine andere Ebene, die man Höhere Rechte Sichtweise nennt. Sie verwirklicht die Vier Edlen Wahrheiten und führt zur wahren Befreiung.

Wie wir anfangs beim Edlen Achtfachen Pfad erwähnt haben, folgen die verschiedenen Punkte einander nicht im Sinne eines linearen Fortschreitens; wir arbeiten mit den beiden Ebenen der Rechten Sichtweise gleichzeitig. Obwohl wir letzten Endes die Befreiung von der zyklischen Existenz anstreben, müssen wir auch irgendwo beginnen. So entwickeln wir Rechte Sichtweise, was uns hilft, im Hier und Jetzt Glück zu finden und Leiden zu vermeiden.

“Wenn deine Absicht falsch ist, obwohl du dich auf die Leere konzentrierst, wirst du kein gutes Ergebnis erzielen, weil du fehlgeleitet wurdest. Du hast über die Dinge nicht weise nachgedacht, du hast nichts losgelassen, du hast dich nur aufgrund von Abneigung abgewandt …”

AJAHN SUMEDHO

Rechte Gedanken oder Motivation

Normalerweise kreisen unsere Gedanken um unser Ich, und wir überlegen, wie man “mir” am besten dienen kann. Diese eigensüchtige Einstellung kann recht subtil sein und sich sogar darauf beziehen, warum wir Buddhismus praktizieren. Wir wollen zum Beispiel nur uns selbst erretten, oder wir möchten, dass andere uns für eine spirituell entwickelte Person halten. Rechte Gedanken beziehen sich also auch auf die richtige Motivation, um dem Weg Buddhas zu folgen.

Rechte Gedanken haben damit zu tun, diese gewohnheitsmäßige und ichhafte Art des Denkens zu wandeln. Dann beginnen wir, andere zu berücksichtigen und altruistischer zu denken. Wir möchten Buddhismus praktizieren, um anderen Wesen und unserer Umwelt von Nutzen zu sein, nicht nur, um selbst glücklich oder einflussreich zu werden. Natürlich werden wir zu Beginn dazu neigen, etwas eigensüchtig zu denken, aber wir können üben, unsere Motivation zu verändern.

Buddha erklärte, dass Rechte Gedanken drei Aspekte haben: Entsagung, Wohlwollen und Harmlosigkeit. Sie treffen auf ihre Gegensätze Verlangen, üble Absichten und schädigendes Verhalten, die aus einem Gemüt entstehen, welches die Natur und die Ursachen von Leiden nicht verstanden hat. Diese drei Aspekte der Rechten Gedanken begünstigen und helfen, Weisheit zu entwickeln, und führen uns schließlich zum Nirvana. Ihre Gegensätze führen zu Schaden und Leiden für einen selbst und andere und halten uns im Samsara gefangen.

Entsagung, Wohlwollen und Harmlosigkeit

Um die Rechte Sichtweise zu fördern, ist es wichtig, die Vier Edlen Wahrheiten zu verstehen; das gilt auch für das Rechte Denken oder die Rechten Gedanken. Wenn wir erkennen, dass unser Leben in Leiden getränkt ist, wendet sich unser Gemüt der Entsagung zu, der Abkehr von Verlangen und Verhaftung. Wenn wir das ausweiten, um alle Wesen einzuschließen, erkennen wir, dass auch ihr Leben von Leiden durchdrungen wird und sie Glück finden möchten. Das führt dazu, dass wohlwollende Gedanken auftauchen, der Wunsch, dass sie Glück finden mögen. Wenn wir darüber nachdenken, wie alle Wesen leiden, führt uns das zu Gedanken der Gewaltosigkeit, die uns wünschen lassen, dass sie frei von Leiden sein mögen.

Buddha sagte, dass das, worüber wir oft nachsinnen, zur natürlichen Neigung des Gemüts wird. Wenn wir also Rechte Gedanken an die Stelle negativer Gedanken setzen, wenn solche auftauchen, können wir unser Gemüt trainieren. Meditation verstärkt diese Veränderung von Gedanken. Wir können über das dem Verlangen innewohnende Leiden meditieren, um unser Gemüt zur Entsagung zu führen. Die Meditation über liebevolle Güte ist das beste Mittel gegen schlechte Absichten, und das wirksamste Gegenmittel für schädigende Neigungen ist die Meditation über Mitgefühl.

Wenn wir aktiv unsere Motivation kultivieren, zum Nutzen aller Wesen zu praktizieren, lernen wir, weniger eigensüchtig zu denken und offener zu werden. Viele förmliche buddhistische Meditationsübungen beginnen damit, unsere Motivation zu entwickeln, so dass wir die Meditation zum Wohlergehen aller Wesen durchführen, und sie enden damit, jegliches Verdienst, das wir durch die Übung erworben haben mögen, dem Wohlergehen aller Wesen zu widmen. Auf diese Weise können wir jedes Mal, wenn wir meditieren, Rechtes Denken entwickeln.

Rechtes Sprechen

Wie die anderen Schritte des Edlen Achtfältigen Pfads, die zur Moral gehören, bezieht sich Rechtes Sprechen darauf, bewusst zu sein und zu bemerken, was wir sagen und tun. Moral bedeutet nicht, Urteile zu fällen oder uns unnötig schuldig zu fühlen. Vielmehr geht es darum, uns ehrlich einzuschätzen und demütig zu sein, wenn wir feststellen, dass wir nicht vollkommen sind, anstatt deprimiert zu werden oder uns schlecht zu fühlen.

Rechtes Sprechen schließt alles ein, was wir sagen. Wir meinen vielleicht, dass Sprechen nicht so wichtig sei wie Handeln, aber Sprache – und ihre Entwicklung, das geschriebene Wort – kann einen Einfluss haben, der entweder gute oder schlechte Folgen nach sich zieht. Unsere moderne Zeit hat eine enorme Fähigkeit und Fülle des verbalen Ausdrucks, so dass es wichtiger denn je zuvor ist, dass wir Rechtes Sprechen praktizieren.

Rechtes Sprechen besteht aus vier Elementen. Das erste ist, sich falscher Sprache oder Lügen zu enthalten und wahrhaftiges Sprechen zu kultivieren. Immer aufrichtig zu sein hilft, in Übereinstimmung mit der Realität zu gelangen, und zerstreut Illusion. Das zweite Element ist, Abstand zu nehmen von verleumderischer Sprache und ein Sprechen zu kultivieren, das Freundschaft und Harmonie fördert. Das entsteht aus liebevoller Güte und hilft, diese wiederum weiter zu entwickeln. Das dritte Element ist, sich lauter, schreiender, beleidigender oder sarkastischer Sprache zu enthalten und ein höfliches, freundliches Sprechen zu kultivieren. Das beruht auf Geduld und Toleranz. Das vierte Element ist, sich leeren Geredes zu enthalten, einschließlich des Konsums von Fernsehen, Radio und Zeitungen, und ein Sprechen zu kultivieren, das bedeutsam und wertvoll ist. Das wird durch Achtsamkeit unterstützt – dass wir unsere Aufmerksamkeit nicht durch Sensationalismus ablenken lassen.

“Fall du irgendetwas weißt, was schmerzlich oder unwahr ist, sprich es nicht aus. Falls du irgendetwas weißt, was hilfreich und unwahr ist, sprich es nicht aus. Falls du irgendetwas weißt, was schmerzlich und wahr ist, sprich es nicht aus. Falls du irgendetwas weißt, was hilfreich und wahr ist, finde die rechte Zeit, es auszusprechen.”

SHAKYAMUNI BUDDHA

Lügen sind Lügen

Wir versuchen, nicht zu lügen, obwohl das in einer Gesellschaft, in der die Werbung Falschheit zur Kunstform erhoben hat, schwierig ist. Häufig sprechen wir jedoch kleine Lügen aus, um uns als klüger oder mutiger darzustellen, als wir sind. Das sind Lügen, auch wenn wir sie als Übertreibung bezeichnen oder Auslassung der weniger attraktiven Teile unserer Geschichte.

Manchmal sprechen wir Lügen aus, um die Gefühle anderer zu schonen, und das ist problematisch. Falls wir uns dessen bewusst sind, was wir tun, falls unsere Motivation darin liegt zu vermeiden, jemanden zu verletzen, dann mag die Lüge gerechtfertigt sein. Die Wahrheit zu sagen, wann immer möglich, bleibt jedoch die beste Wahl.

Wir versuchen auch, keine harten Worte zu gebrauchen, andere anzuschreien oder sie aufzubringen. Das schließt üble Nachrede ein, Geschichten hinter dem Rücken von jemandem zu erzählen und zu fluchen. Sprache auf diese Weise zu benutzen wäre eine Form des Angriffs auf andere. Es ist am besten, Revanche zu vermeiden, wenn uns jemand anschreit, und nicht aus Ärger oder in Verletzung zurückzuschreien.

Leeres Gerede oder leichtfertige Sprache ist eine Zeitverschwendung, ist unproduktiv und kann dazu führen, andere zu verletzen. Natürlich sprechen wir über Menschen, die wir kennen, im Verlauf eines allgemeinen Gesprächs. Aber wir können versuchen, etwas Gutes zu finden, was wir über andere sagen können, oder einfach still zu bleiben, wenn jemand andere kritisiert. Wir kennen wahrscheinlich alle das Spiel des "chinesischen Flüsterns", wenn ein Satz in einem Kreis von einem zum anderen geflüstert wird und am Ende etwas ganz anderes herauskommt, als am Anfang gesagt wurde. Leeres Gerede ist genauso, kann aber viel schädlicher als ein solches Gesellschaftsspiel sein.

“Rechtes Handeln kann von jedem jederzeit in allen Umständen ausgeführt werden, sei es im Haushalt oder in der Arbeit oder im Kloster.”

AYYA KHEMA

Rechte Handlungsweise

Das Rechte Handeln bezieht sich darauf, sich bewusst so zu verhalten, dass andere nicht verletzt oder geschädigt werden. Manche Laien folgen fünf Regeln als ihrer Verpflichtung zum buddhistischen Pfad, Mönche und Nonnen beachten sehr viel mehr. Wir müssen diesen Regeln nicht starr folgen, wenn wir uns aber von den Prinzipien leiten lassen, die ihnen zugrunde liegen, wird das die Rechte Handlungsweise fördern.

Die fünf Regeln sind: nicht töten; nicht nehmen, was nicht gegeben wird; die Sinne nicht missbrauchen; nicht lügen (gehört zum Rechten Sprechen); und berauschende Mittel nicht missbrauchen. Nicht zu töten scheint leicht zu sein, wenn wir das aber auf alle Wesen ausdehnen, stellen wir fest, dass es schwierig sein kann. Viele Insekten zertreten wir, indem wir einfach gehen; achtsam zu gehen kann das aber in einem höheren Maße vermeiden als unachtsam zu gehen. Wir denken vielleicht, “Oh, das ist nur ein Insekt”, aber Buddha sagte, dass alle Wesen Buddhanatur besitzen und genauso wie wir das Recht haben zu versuchen, Glück zu finden.

Sich des Tötens zu enthalten schließt auch Selbstmord ein, und auch dann, wenn jemand völlig verzweifelt ist, sollte diese kostbare menschliche Wiedergeburt nicht fortgeworfen werden. Wir können einen solchen Menschen daran erinnern, dass sich die Gefühle, die hinter dem Wunsch, sich das Leben zu nehmen, verändern werden. Andere Wesen zu quälen und zu verletzen gehört als sekundäre Handlungsweise ebenfalls zum Töten und sollte genauso vermieden werden.

Nicht zu stehlen oder das nicht zu nehmen, was nicht gegeben wird, scheint auch einfach zu sein. Nicht anzunehmen, was nicht gegeben worden ist, schließt auch ein, sich des Betrugs und der Täuschung zu enthalten.

Mit dem glücklich sein, was wir haben

Nicht zu stehlen wird unterstützt, wenn wir in unseren Handlungen immer achtsam sind, und wir können Ehrlichkeit und Respekt vor dem Eigentum anderer kultivieren. Das wird gefördert, wenn wir zufrieden sind mit dem, was wir bereits haben, und nicht laufend nach neuen Dingen verlangen. Wir können auch Großzügigkeit üben und denen, die es brauchen, etwas von unserem eigenen Geld und Besitz geben.

Es ist schwer, die Sinne in einer modernen Welt nicht zu missbrauchen, welche übermäßige sinnliche Genüsse unterstützt. Das bezieht sich auch darauf, nicht zu viel zu essen, sich nicht an schönen Anblicken und Klängen zu berauschen und auf angemessenes sexuelles Verhalten. Mäßigkeit beim Sex bedeutet oft, dass wir unsere/n Partner/in mehr schätzen und respektieren und ihn oder sie nicht für selbstverständlich halten.

Angemessenes sexuelles Verhalten meint auch, keinen Ehebruch zu begehen oder einen anderen Menschen durch Sex zu verletzen. Sexuelle Treue zu praktizieren, weil wir unsere/n Partner/in lieben, ist letztlich lohnender als Promiskuität, die üblicherweise zu Verletzungen führt. Wir können über die Tatsache nachdenken, dass Mönche und Nonnen das Zölibat praktizieren.

Manche Menschen interpretieren die Regel, berauschende Substanzen nicht zu missbrauchen, als Enthaltsamkeit, und das macht es einfach. Ein gewisser moderater Gebrauch von solchen Substanzen zur Entspannung, im Rahmen des gesellschaftlich Üblichen, passt anderen jedoch besser. Der Hauptgrund, warum Buddha lehrte, Alkohol und Drogen zu meiden, bestand darin, dass sie den Geist dumpf machen und wir dazu neigen, sie als Fluchtmittel zu benutzen. Der vielleicht wichtigste Grund, sich von berauschenden Substanzen fernzuhalten oder unseren Genuss zu mäßigen, ist der, schlechtes, ungezügeltes Verhalten zu vermeiden, das uns oder andere schädigt, zu Leiden führt und später zum Bedauern.

“Man kann wegen einer Reihe von Gründen auf dem Pfad des Erwachens gehen. Zeitweise konzentrieren wir uns vielleicht auf besondere Merkmale der materiellen Existenz: dass wir einen Lebensunterhalt schaffen, der in Einklang mit unseren tiefsten Werten und Bestrebungen steht. Zu anderen Zeiten ziehen wir uns vielleicht zurück: Wir lösen uns vom sozialen und psychologischen Druck, um unser Leben neu zu ordnen, in einem ruhigen und förderlichen Rahmen. Schließlich engagieren wir uns zeitweise in der Welt: Wir gehen voller Mitgefühl und auf schöpferische Weise auf die Ängste anderer ein.”

STEPHEN BATCHELOR

Rechter Lebensunterhalt

Seit den Zeiten des Buddha ist es sehr viel schwieriger geworden, den Lebensunterhalt auf die rechte Weise zu erwerben. Er hat sich immer auf dem indischen Prinzip von *ahimsa,* Gewaltlosigkeit, begründet, was bedeutet, auf ethische Weise sein Auskommen zu haben. Leider hat die moderne Gesellschaft mehr Interesse an Gewinnzuwachsraten als an Ethik, so dass viele Jobs dem Prinzip der Gewaltlosigkeit nicht gerecht werden. Mönche und Nonnen arbeiten traditionell nicht für Geld, und in der Theravada-Tradition berühren Mönche und Nonnen noch nicht einmal Geld und nehmen keinerlei finanzielle Transaktionen vor. Sie leben in Abhängigkeit von den Almosen, die ihnen von Laien zukommen, die sie unterstützen. Im Gegenzug erhalten die Laien spirituelle Anleitung von den Mönchen und Nonnen. Diese widmen ihre Zeit spirituellen Übungen, und deshalb hält man sie der Unterstützung für wert.

Einen Beruf wählen

Wir können versuchen, einen Beruf zu erwählen, der Menschen hilft, wie ein Arzt zu sein, eine Krankenschwester oder ein Sozialarbeiter. Das ist eine Antwort auf das Leiden anderer Menschen und von großem Nutzen. Doch können diese Berufe sehr fordernd sein und sind nicht für alle Menschen geeignet.

Wir können zumindest bestimmte Jobs vermeiden, wie Waffenhändler oder Mitarbeiten in Industrien, die uns oder die Umwelt verschmutzen. Buddha wies darauf hin, dass eine Arbeit, die Leiden verursacht, vermieden werden sollte. Viele Jobs sehen harmlos genug aus, wie zum Beispiel ein Büroangestellter oder eine Sekretärin zu sein, aber wir müssen hinschauen, in welchen Geschäftsfeldern die Firma tätig ist, für die wir arbeiten, und Firmen vermeiden, welche Menschen, Tiere oder die Umwelt schädigen.

Vielleicht fragen wir uns, warum unser Job für unsere buddhistische Praxis so wichtig sein sollte. Wir verbringen jedoch viel Zeit in der Arbeit und werden unvermeidlich durch das beeinflusst, was wir tun. Buddha lehrte, dass unser Besitz nach bestimmten Kriterien erworben werden sollte: Unsere Arbeit muss gesetzlich erlaubt sein, gewaltlos und ehrlich, und sie darf andere nicht verletzen oder schädigen.

Das wird uns helfen zu entscheiden, welchen Beruf oder welche Art von Karriere wir am liebsten verfolgen würden. Viel Geld zu verdienen ist nicht das einzige Kriterium für die Arbeit. Obwohl die moderne Gesellschaft das materielle Wohlergehen über das soziale Gewissen stellt, können wir niemals glücklich sein, falls unser Job Leiden auslöst oder unethisch ist. Zu viel zu arbeiten ist übrigens ungesund, und Feiertage und Meditations-Retreats sind auch wichtig.

Rechte Bemühung

Die Rechte Bemühung schließt den buddhistischen Weg der Mitte ein, sich weder zu sehr noch zu wenig anzustrengen. Falls wir all unsere Energie darein setzen, nach Bewusstwerdung zu streben, werden wir wahrscheinlich zu müde, überhaupt etwas in dieser Richtung zu tun, oder wir sind enttäuscht, weil wir nicht schnell genug vorwärts kommen. Falls wir uns nicht genügend bemühen, wird nicht viel passieren und wir haben nur unsere Zeit verschwendet.

Die Rechte Bemühung hat mit Energie zu tun, die neutral ist, sich aber in positiven oder negativen Formen manifestiert. Wir sehen, dass Aggression und Verlangen genauso von Energie gespeist werden wie Großzügigkeit und Achtsamkeit. Also versuchen wir sicherzustellen, dass unsere Energie auf ganzheitliche Gemütszustände und Geisteshaltungen gerichtet wird. Nur für sich betrachtet, wird gute Energie jedoch lediglich zu weniger Leiden führen, nicht zur Erleuchtung. Also kultivieren wir die Rechte Bemühung zusammen mit der Rechten Sichtweise, der Rechten Absicht usw., um für unsere wahre Natur zu erwachen.

Buddha hat die Bedeutung der Rechten Bemühung betont, die Notwendigkeit von Sorgfalt, Einsatz und Beharrlichkeit. Er hat uns gezeigt, dass es einen Pfad zur Befreiung gibt, aber dass es an uns liegt, ihn zu gehen. Erleuchtung ist schwer zu erlangen, und so erfordert es eine Menge Arbeit, den Pfad wirklich zu gehen. Kein anderer kann das für uns tun, weder unser Lehrer noch unser Guru, noch nicht einmal Buddha selbst. Unser Schicksal und unsere Bestimmung sind unsere eigene Verantwortung.

"Die rechte Bemühung besteht nicht darin, sich anzustrengen, damit etwas Bestimmtes passiert. Es ist vielmehr die Bemühung, in jedem Augenblick wach und bewusst zu sein, die Bemühung, Faulheit und Besudelung zu überwinden, die Bemühung, aus jeder Tätigkeit unseres Tages Meditation zu machen."

AJAHN CHAH

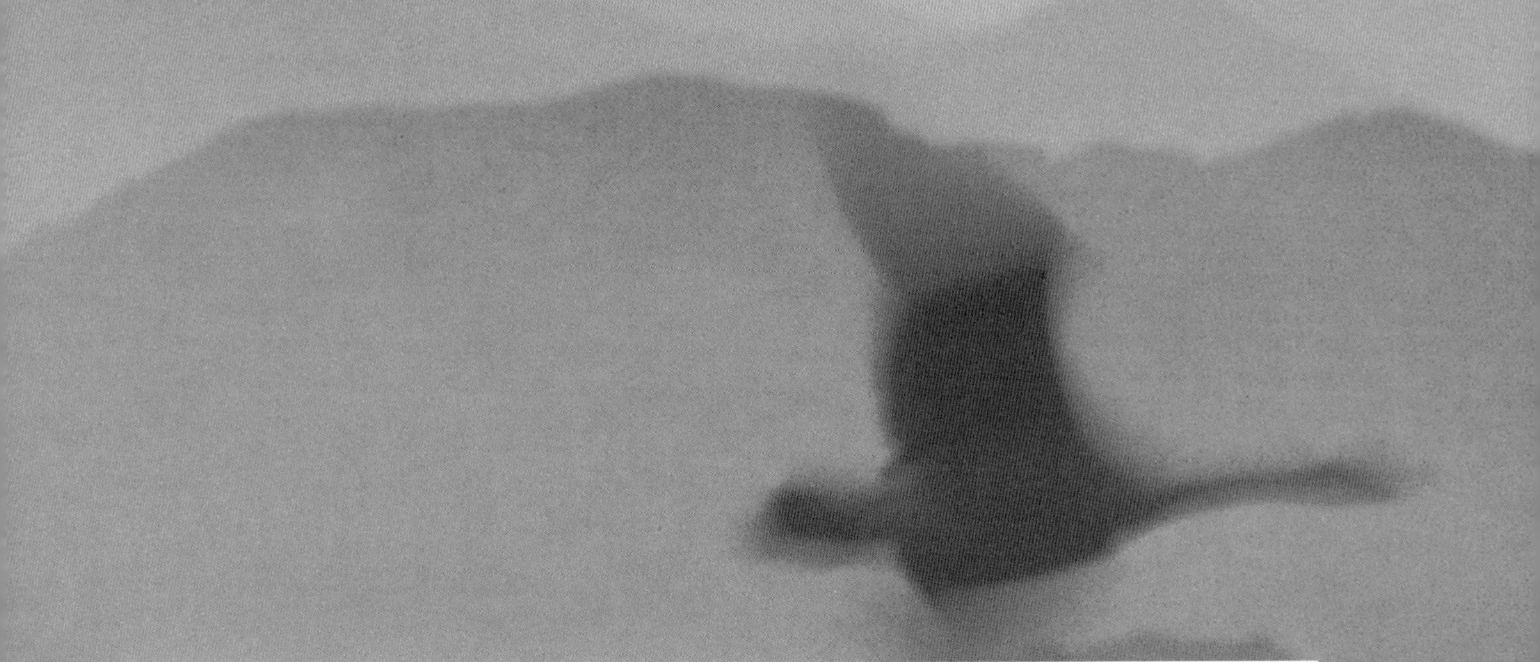

Vier Große Vorhaben

Die buddhistischen Texte beschreiben vier Aspekte der Rechten Bemühung, die man die Vier großen Vorhaben nennt. Der erste Aspekt ist die Überwindung besudelter Gemütszustände. Das sind die fünf Behinderungen: sinnliche Begierde, böse Absichten, Trägheit, Sorgen und Zweifel. Die beste Art, sie alle zu vermeiden, besteht darin, Achtsamkeit zu üben.

Der zweite Aspekt ist die Abkehr von nicht-ganzheitlichen Gemütszuständen, die bereits aufgetaucht sind. Das erfordert fünf Techniken. Die erste ist, einen negativen Gedanken durch einen analogen positiven Gedanken zu ersetzen. Die zweite Technik ist, Scham zu kultivieren. Die dritte ist, unsere Aufmerksamkeit in eine andere Richtung zu lenken. Die vierte ist das Gegenteil, nämlich sich dem negativen Gedanken zu stellen. Die fünfte Technik, wenn alles andere fehlschlägt, besteht darin, den negativen Gedanken zu unterdrücken.

Der dritte Aspekt der Rechten Bemühung besteht darin, positive Gemütszustände zu entwickeln, die noch nicht aufgetaucht sind. Zur Unterstützung gibt es dabei Sieben Erleuchtungsfaktoren: Achtsamkeit, Erforschung der Phänomene, Energie, Verzückung, ruhige Gelassenheit, Konzentration und heiteren Gleichmut. Jeder dieser Faktoren wird nacheinander kultiviert. Wenn die Energie zum Beispiel zunimmt, entwickelt sich Verzückung auf natürliche Weise.

Der vierte Aspekt der Vier Großen Vorhaben ist, ganzheitliche Gemütszustände und Geisteshaltungen aufrechtzuerhalten, wenn sie einmal aufgetaucht sind. Das erreicht man, indem man die Sieben Erleuchtungs-Faktoren festigt und stärkt. Wenn sie stark sind, helfen sie unseren positiven Gedanken zu reifen und führen so schließlich zur Befreiung.

“Die Aufgabe der Rechten Achtsamkeit besteht darin, das Feld des Erkennens zu erhellen. Achtsamkeit lässt Erfahrung im hellen Licht seiner reinen Unmittelbarkeit erleben. Achtsamkeit offenbart das Objekt, wie es ist, bevor es mit der Farbe von Konzepten verputzt und von Interpretationen zugedeckt wird. Achtsamkeit zu üben heißt deshalb weniger, etwas zu tun, als das Tun rückgängig zu machen: nicht denken, nicht urteilen, nicht assoziieren, nicht planen, sich nichts vorstellen, nichts wünschen.”

BHIKKHU BODHI

Rechte Achtsamkeit

Wie wir im nächsten Kapitel klarer erkennen werden, ist Achtsamkeit integraler Bestandteil der Meditation und fördert sowohl das Erlangen von heiterer Gelassenheit als auch von ruhiger Einsicht. Wir trainieren Gemüt und Geist, in der Gegenwart zu bleiben und einfach wahrzunehmen, was auftaucht, wenn es auftaucht, ohne Urteil oder Deutung. Es gibt keine falsche Achtsamkeit, sondern nur ihr Gegenteil, nämlich Achtlosigkeit – und das ist, wie wir leider oft unser Leben verbringen.

Es gibt ein klassisches Gleichnis, in dem das Gemüt ohne Achtsamkeit mit einem Kürbis verglichen und das Gemüt, das in Achtsamkeit ruht, einem Stein gleichgesetzt wird. Ein Kürbis, den man ins Wasser setzt, schwimmt und wird, je nach Wind und Strömung, in diese oder jene Richtung getrieben. Ein Stein sinkt direkt zum Grund und bleibt dort ohne jede Abweichung. Achtsamkeit verankert das Gemüt fest in der Gegenwart und verhindert, dass es in nostalgische Erinnerungen, Hoffnungen oder Ängste wegdriftet.

Im Bus zur Arbeit lesen wir vielleicht ein Buch, aber wenn wir es nicht zu Studienzwecken tun, ist das oft nur eine Ausflucht. Wir sind uns dessen nicht bewusst, dass wir lesen, und wir folgen dem Handlungsfaden einer Geschichte, die sich ein Autor ausgedacht hat. Es ist natürlich ganz in Ordnung, der Entspannung oder Unterhaltung halber zu lesen, aber wir können versuchen, uns gleichzeitig dessen bewusst zu sein, was wir tun – nämlich lesen. Auf die Weise verpassen wir unsere Haltestelle nicht oder fühlen uns auch nicht irritiert, weil wir aufhören müssen zu lesen, wenn wir aussteigen.

Vier Fundamente für Achtsamkeit

Es gibt traditionell vier Fundamente für Achtsamkeit: Achtsamkeit des Körpers, des Fühlens, des Denkens und der Objekte der Gedanken. Was heißt das für unser Alltagsleben? Achtsamkeit des Körpers bedeutet, sich des Körpers als Ganzheit bewusst zu sein, seiner verschiedenen Teile, des Atmens, Gehens, Essens usw. Oft halten wir unseren Körper für selbstverständlich, und so kann es richtig aufregend werden, wenn wir uns seiner bewusst werden.

Achtsamkeit des Fühlens kennen wir alle, wenn die Gefühle angenehm oder leidvoll sind, aber wir neigen dazu, uns in diesen Gefühlen zu verlieren, anstatt die Gefühle achtsam als Gefühle zu bemerken. Wenn wir zu uns sagen, "Das tut weh, weil ich mir den Knöchel angestoßen habe", kann die Achtsamkeit der Erfahrung den Schmerz verringern. Wir sind dann also eher achtsam über das, was wir fühlen, als sofort zu reagieren.

Achtsamkeit des Denkens ist die Basis aller Meditation. Sie beinhaltet, unsere Gedanken zu beobachten, ohne uns auf sie einzulassen. Wenn wir uns darauf konzentrieren, wie uns ein Gedanke gestört hat, anstatt gestört zu bleiben, praktizieren wir die Achtsamkeit des Denkens. Auf ähnliche Weise führt das Benennen unserer Gedanken zu ihrer Objektivierung und hilft so, sie loszulassen.

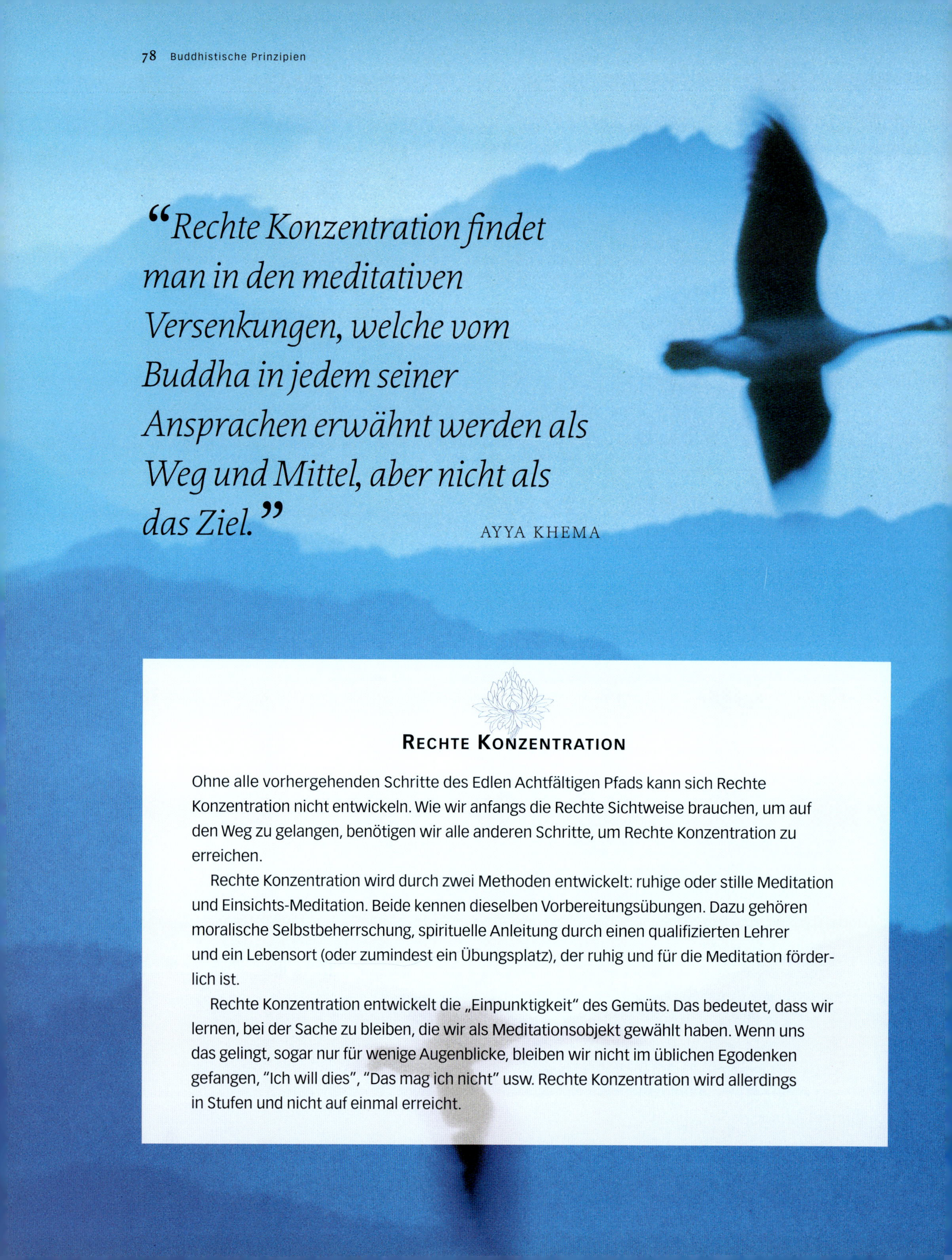

„Rechte Konzentration findet man in den meditativen Versenkungen, welche vom Buddha in jedem seiner Ansprachen erwähnt werden als Weg und Mittel, aber nicht als das Ziel."

AYYA KHEMA

Rechte Konzentration

Ohne alle vorhergehenden Schritte des Edlen Achtfältigen Pfads kann sich Rechte Konzentration nicht entwickeln. Wie wir anfangs die Rechte Sichtweise brauchen, um auf den Weg zu gelangen, benötigen wir alle anderen Schritte, um Rechte Konzentration zu erreichen.

Rechte Konzentration wird durch zwei Methoden entwickelt: ruhige oder stille Meditation und Einsichts-Meditation. Beide kennen dieselben Vorbereitungsübungen. Dazu gehören moralische Selbstbeherrschung, spirituelle Anleitung durch einen qualifizierten Lehrer und ein Lebensort (oder zumindest ein Übungsplatz), der ruhig und für die Meditation förderlich ist.

Rechte Konzentration entwickelt die „Einpunktigkeit" des Gemüts. Das bedeutet, dass wir lernen, bei der Sache zu bleiben, die wir als Meditationsobjekt gewählt haben. Wenn uns das gelingt, sogar nur für wenige Augenblicke, bleiben wir nicht im üblichen Egodenken gefangen, "Ich will dies", "Das mag ich nicht" usw. Rechte Konzentration wird allerdings in Stufen und nicht auf einmal erreicht.

Meditative Versenkungen

Diese Übung kann uns in Zustände meditativer Versenkung führen, die beseligend sind. Buddha hat davor gewarnt, dass der Zweck der Meditation nicht darin besteht, sich in solchen glückseligen Zuständen zu verlieren, sondern sie zu gebrauchen, um Erleuchtung zu erlangen. Damit gehört zur Rechten Konzentration Meditation mit dem rechten Motiv, nämlich dem Wunsch zu erwachen.

Die Stufen der meditativen Versenkung werden in acht Ebenen unterteilt, und jede zeichnet sich durch noch größere Tiefe, Reinheit und Subtilität aus als ihre Vorgänger. Man kann sie nur nacheinander erreichen; das Erreichen einer Stufe setzt voraus, dass man die vorhergehende gemeistert hat. Alle Stufen haben zwei fundamentale Eigenschaften gemein: ungebrochene Aufmerksamkeit auf das Objekt der Konzentration und die sich daraus ergebende gelassene Ruhe des Gemüts.

Obwohl Rechte Konzentration am Ende des Edlen Achtfältigen Pfads steht, vollbringt sie das höchste Ziel des Erwachens nicht allein. Wir brauchen auch die durchdringende Einsicht der Weisheit, um uns vom Leiden zu befreien. Rechte Konzentration führt uns demnach zurück zur Rechten Sichtweise, nun auf einer höheren Ebene, weil wir erkennen, dass der beste Meditationsinhalt darin besteht, über unsere falsche Wahrnehmung unserer selbst und aller Phänomene zu meditieren, von denen wir glauben, dass sie unabhängig voneinander und real bzw. konkret existieren.

Wenn wir über die Leere meditieren, die unserer eigenen Existenz innewohnt – dass wir in Abhängigkeit von Ursachen, Bedingungen und Umständen existieren –, vermindert das unsere Ichverhaftung. Das ist die Entwicklung von Weisheit, das ist das Mittel gegen Unwissen, welches die Grundlage aller anderen mentalen Leiden darstellt. Daraus erkennen wir, dass die verschiedenen Faktoren des Edlen Achtfältigen Pfads untereinander abhängig sind und zugleich auf unterschiedlichen Ebenen wirken. Ob wir also ein Anfänger oder ein fortgeschrittener Buddhist sind, es gibt immer viel vom Edlen Achtfältigen Pfad, was wir auf unserer spirituellen Reise benutzen können.

"Die höheren Ebenen des Pfads mögen aus unserer jetzigen Lage sehr weit entfernt scheinen, die Anforderungen an unsere Übungspraxis mögen schwer erfüllbar scheinen. Aber selbst wenn die Höhen der Erkenntnis jetzt noch fern sind, liegt doch alles, was wir brauchen, um sie zu erreichen, geradewegs unter unseren Füßen. Die acht Faktoren des Pfads sind uns immer zugänglich; sie stellen mentale Komponenten dar, die im Gemüt einfach durch Entschiedenheit und Bemühung verankert werden können" (Bhikkhu Bhodi).

Die Sechs Vollkommenheiten

Die Sechs Vollkommenheiten sind Großzügigkeit (auch Hochherzigkeit, Edelmut; A.d.Ü.), Moral, Geduld, freudige Bemühung oder enthusiastische Beharrlichkeit, Konzentration oder geistige Einpunktigkeit und Weisheit. Buddha lehrte sie in dieser Reihenfolge, mit den einfacheren beginnend, die zu den schwierigeren führen. Die jeweils vorhergehende Übung hilft, eine Grundlage für die folgende Übung zu bilden. Es ist zum Beispiel schwierig, Moral zu praktizieren, wenn wir an unseren Besitztümern hängen, und das beste Gegenmittel gegen Verhaftung ist Großzügigkeit.

“Der Pfad zur Erleuchtung ist zweifach: Weisheit und ausgebildete Fertigkeiten. Die Praxis der ersten vier Vollkommenheiten ist die Einübung ausgebildeter Fertigkeiten. Die beiden letzten Vollkommenheiten offenbaren die Praxis der Weisheit.”

BUDDHA

Unten:
Wir geben anderen dann in unseren Handlungen etwas wirklich von Herzen, wenn es ein reines Motiv in uns gibt, edel zu sein.

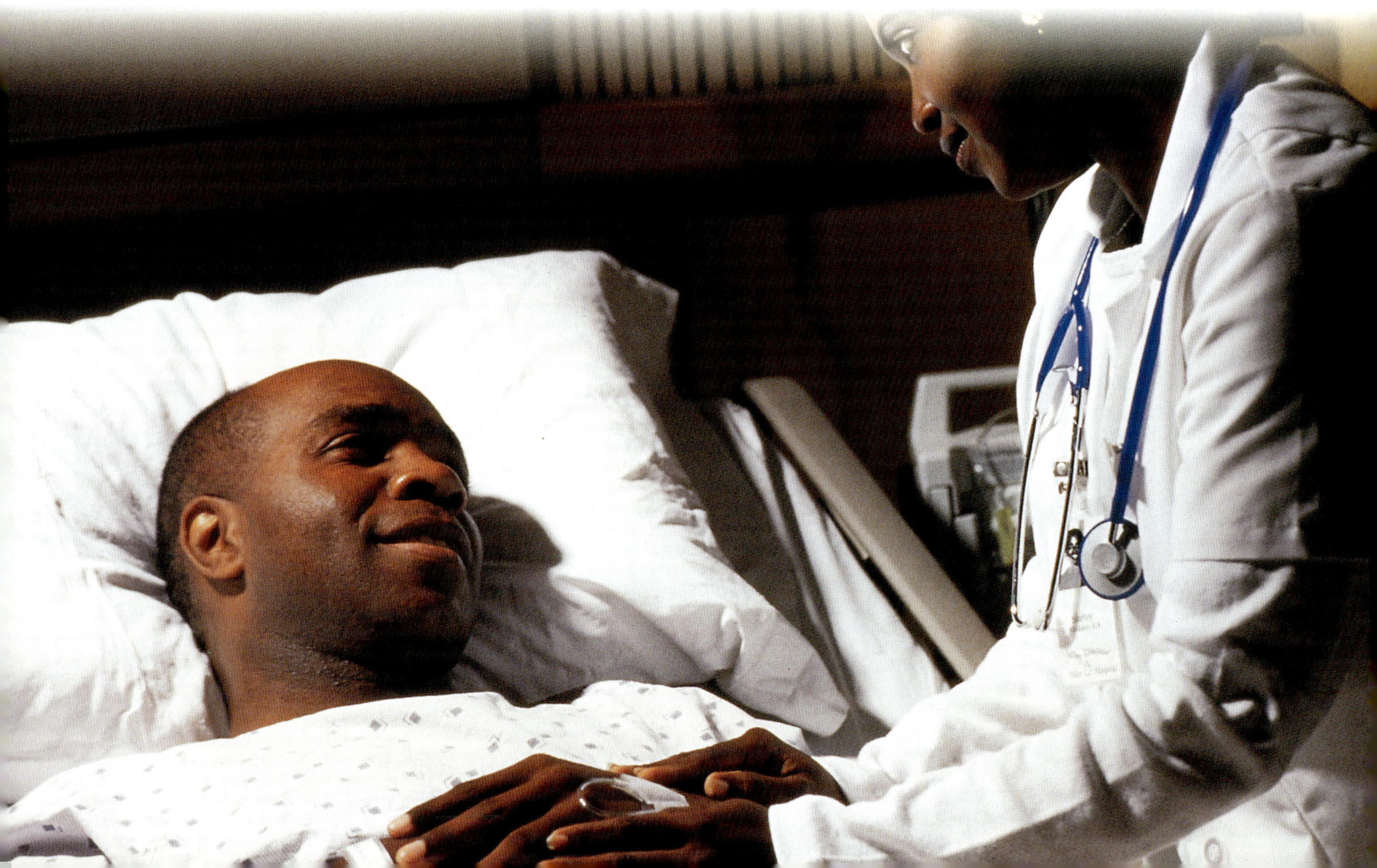

Großzügigkeit

Traditionell gibt es drei Arten von Großzügigkeit: materielle Hilfe jenen geben, die materiellen Mangel leiden; Schutz denen geben, die in Furcht leben; und jenen reine, aufrichtige Dharma-Lehren geben, die darum bitten.

Materielle Hilfe bezieht sich auf Gaben an Wohlfahrtsverbände, Bettler, in Not geratene Freunde und an Hunger- und Katastrophenopfer. Manchmal fällt es leichter, bestimmten Organisationen zu helfen als anderen. Wir fühlen vielleicht das Bedürfnis, nur einen Freund zu unterstützen oder einer speziellen Organisation zu helfen, aber wenn wir darüber wirklich nachdenken, stellen wir fest, dass alle in Not geratenen Menschen Hilfe brauchen, ob wir sie mögen oder nicht, ob wir das Anliegen eines Wohlfahrtsverbands gut finden oder nicht. Das bedeutet nicht, dass wir all unseren Besitz an jedermann geben sollen, der in Not ist! Wenn wir indes an jene, denen es an solchen Dingen mangelt, voller Güte denken anstatt voller Verachtung oder mit dem Gefühl, sie seien selbst an ihrem Elend schuld, dann hilft diese Einstellung, Großzügigkeit zu entwickeln. Dann können wir auf sinnvolle Weise all die materielle Hilfe geben, die in unseren Möglichkeiten steht. Wie Geshe Wangchen sagt, "...einen hilfreichen Rat in aufrichtiger Weise zu geben gehört auch zur Übung von Großzügigkeit".

Reine Motivation

Das führt uns zum Motiv, warum wir geben. Wenn wir Großzügigkeit praktizieren, um uns ins rechte Licht zu setzen, ist das kein reines Geben. Oder wenn wir einem Bettler einige Münzen mit Abscheu in unseren Augen zuwerfen, ist das auch kein reines Geben. Wir müssen sowohl von Herzen wie aus unserem Geldbeutel geben, damit das Geben wirklich vollständig ist.

Wir sollten auch in Bezug auf das achtsam sein, was wir geben. Gaben von Alkohol, Tabak oder Drogen, obwohl sie eine zeitweise Erleichterung darstellen, sind auf lange Sicht betrachtet schädigend. In ähnlicher Weise ist es auch nicht recht, ein Tier zu töten, um es einem anderen als Nahrung zu geben, zum Beispiel einen Fisch einer Möwe. Darüber nachzudenken, was wir geben, ist genauso wichtig wie die Art und Weise des Gebens.

Es gibt viele Gelegenheiten in unserer modernen Welt, jenen Schutz zu geben, die in Angst leben. Leider ist es üblich geworden, dass Menschen ausgeraubt oder angegriffen werden. Wenn wir solchen Opfern helfen, soweit wir können, ist das wahre Großzügigkeit. Es gibt auch Wohlfahrtsverbände, die sich um Folteropfer kümmern, um Straßenkinder und misshandelte Tiere. Wenn wir solche Organisationen unterstützen, tragen wir viel dazu bei, Leiden zu lindern.

Vielleicht meinen wir, dass die Vermittlung von Dharma-Lehren weit jenseits unserer Möglichkeiten sei, besonders, wenn wir erst vor kurzem zum Buddhismus gestoßen sind. Das stimmt in mancherlei Hinsicht auch, aber die Essenz dessen, was Buddha lehrte, ist einfach Güte und Mitgefühl für andere, und wir können, falls wir gebeten werden, diese Eigenschaften erwähnen. Vom Dalai Lama hört man oft, "Meine Religion ist Güte".

“Ich stimme dem zu, dass es schwierig ist, in der heutigen Welt moralisch zu sein, in der Menschen für Diebstahl auch noch belohnt zu werden scheinen. Es geht letztlich um das Praktizieren. Es gibt zwei Arten von Menschen; jene, die Moral praktizieren, und jene, die das nicht tun. Und was ist deine Belohnung? Das Sprichwort heißt, ‚Tugend ist ihre eigene Belohnung‘, und das ist erfreulicher, als es klingt.”

ROBERT AITKEN

Unten:
Echte Moral bedeutet, sich negativer Handlungsweisen an Körper, Sprache und Gemüt zu enthalten, während man gute Qualitäten wie Liebe und Mitgefühl kultiviert und liebevolle Güte für jedermann praktiziert.

Moral

Moral zu praktizieren bedeutet, sich bewusst und achtsam aller negativen Handlungen zu enthalten. Traditionell werden negative Handlungen in die Zehn Nicht-Tugenden eingeteilt. Es gibt vier Nicht-Tugenden der Sprache: Lügen zu erzählen, schlecht über andere zu reden, zu klatschen und Schimpfworte zu gebrauchen sowie zu fluchen. Es gibt drei Nicht-Tugenden des Körpers: töten, stehlen und sexuelles Fehlverhalten; und drei des Gemüts: Begierde und Verhaftung, anderen übel zu wollen und falsche Ansichten zu hegen.

Wenn wir uns ernsthaft darum bemühen, jegliches negative Verhalten zu vermeiden, wird unser Gemüt ruhig und klar und wir fühlen uns glücklich.

Moral umfasst auch, die guten Qualitäten zu kultivieren, nicht nur, das negative Verhalten zu vermeiden. Also versuchen wir, Liebe, Güte und Mitgefühl für andere zu entwickeln sowie sie nicht zu verletzen. Das fällt uns bei unseren Freunden und in der Familie ziemlich leicht, aber wenn wir daran denken, wie jeder Mensch gleichermaßen glücklich sein und Leiden vermeiden möchte, können wir uns darum bemühen, unser Wohlwollen auf alle Wesen auszudehnen.

Buddha hat gelehrt, dass Moral das Fundament eines einpunktig-gesammelten Gemüts ist. Das erkennen wir auch an der wörtlichen Übersetzung des Begriffs *shila* – Moral –, was kühl und friedvoll bedeutet. Wenn unser Gemüt von negativen Emotionen frei ist, wird es gelassen und gesammelt, und dann können positive Gemütszustände wie Liebe und Mitgefühl ganz von selbst aufsteigen.

Moral kultivieren

Viele Meditationen sind daraufhin angelegt, uns dabei zu helfen. Aber wir müssen uns auch darum bemühen, Moral im Alltag zu üben, weil sie sonst theoretisch bleibt. Es ist wichtig, sich an Buddhas mittleren Weg zu erinnern. Wir haben sicherlich alle schon einmal Menschen getroffen, die – trotz ihrer besten Absichten – übermäßig fromm oder starr gewirkt haben. So sollten wir darauf achten, Moral nicht auf ein Raster starrer Regeln zu reduzieren, die ungeachtet der jeweiligen Umstände angewendet werden. Es ist recht unwahrscheinlich, dass wir reine Moral in allen Dingen am Beginn unserer Übungen verwirklichen können. Deshalb bemühen wir uns darum, einen Blick auf Moral zu behalten, indem wir uns klar machen, dass manche unserer Handlungen ernsthaftere Konsequenzen nach sich ziehen werden als andere.

Die Sechs Vollkommenheiten

„Ungeduld ist fast immer die Reaktion des Egos auf widrige Erfahrungen oder auf Leiden oder sogar auf alles, was die Erfüllung seiner Projekte und Programme behindert. Das Gegenteil, Geduld, stellt deshalb einen Willen dar, Bedingungen anzunehmen und zu ertragen, die leidvoll sind, unangenehm oder einfach nicht in Übereinstimmung mit dem, was man sich wünscht."

JOHN SNELLING,

Unten:
Bauern müssen Geduld entwickeln, wenn sie, um ihren Lebensunterhalt zu sichern, mit Problemen beim Pflanzenwachstum und schwierigen Erntebedingungen zu tun haben.

Geduld

Geduld zu praktizieren gibt uns große innere Stärke und den Mut, schwierigen Situationen ins Gesicht zu sehen. Sie hilft uns zu entdecken, was die wahre Ursache von Problemen ist, und nicht einfach darauf zu reagieren, indem wir vorübergehenden Umständen die Schuld zuschieben. Wenn wir geduldig sind, neigen wir weniger dazu, uns schnell aufzuregen, falls die Dinge nicht so gehen, wie wir wollen, und wir behandeln dann vermutlich andere auch weniger schlecht.

Traditionell unterteilt man Geduld in drei Arten: die Geduld der Vergebung, die Geduld, Leiden zu akzeptieren, und die Geduld, fähig zu sein, sich tugendhaft zu verhalten.

Die Natur unserer Welt ist ihrem Wesen nach nicht zufriedenstellend, und so werden sich immer wieder schwierige Situationen ergeben. Wenn jemand mit uns ärgerlich wird, oder uns beschimpft, neigen wir dazu, ebenfalls ärgerlich zu sein und die andere Person zu beschimpfen. Das verschlimmert aber die Situation nur noch. Falls wir uns jedoch in Geduld üben, erkennen wir, dass die Person leidet und außer Kontrolle ist. Das heißt jedoch nicht, dass wir uns genauso verhalten müssen. Wenn wir ruhig bleiben, wird der Zorn dieses Menschen geringer und die Situation kann auf ruhige Weise gelöst werden.

Leiden annehmen

Die Geduld, Leiden zu akzeptieren, kann uns in unserem Leben von großem Nutzen sein, weil Leiden, aufgrund der nicht-zufriedenstellenden Natur unserer Existenz unausweichlich immer wieder auftaucht. Wenn wir leiden oder uns Problemen gegenüber sehen, denken wir normalerweise, dass sie wirklich schlimm sind. Wenn wir die Lage mit Geduld annehmen und uns daran erinnern, dass auch dies vorübergehen wird, dann vermindern wir unser Erleben von Leiden.

Der japanische Dichter Issa akzeptierte die Gegenwart von Flöhen und Läusen als Teil seines Alltagslebens. Er verwandelte diese Irritation jedoch, indem er Geduld bis zu einem Punkt kultivierte, dass er sie als Freunde behandelte. Im folgenden Haiku-Gedicht spricht er zu den Flöhen, die auf seinem Körper lebten, als er sich auf eine Reise vorbereitete:

Nun, ihr Flöhe!
Ihr werdet Matsushima sehen –
Und los geht´s.

Falls wir Probleme als Lehrer ansehen, die uns eine Chance geben zu lernen, werden wir weniger verzweifelt sein, wenn sie auftauchen. Wir können Probleme nicht verhindern, wenn wir sie jedoch durch eine andere Sichtweise transformieren, wird uns das helfen, erfolgreicher mit ihnen zurechtzukommen.

“Dharma-Praxis baut auf Entschlossenheit auf. Das ist keine emotionale Bekehrung, keine niederschmetternde Erkenntnis unserer Irrtümer auf dem Weg, kein verzweifelter Versuch, gut zu sein, sondern eine beständige, von Herzen kommende Betrachtung von Prioritäten, Werten und Sinn. Wir müssen uns über unser Leben auf eine unsentimentale und kompromisslose Art und Weise klar werden.” STEPHEN BATCHELOR

Unten:
Freudiger Einsatz stammt aus der Entschlossenheit, solche Handlungen, die es einem wert erscheinen, mit einem positiven Gemütszustand und voller Vertrauen zu vollenden, indem wir uns auch angesichts von Rückschlägen immer wieder geduldig ermutigen.

Freudige Bemühung

Dem Pfad des Buddha zu folgen ist lohnend, aber nicht immer leicht. Unsere alten Gewohnheitsmuster zu verändern und neue zu lernen stellt einen andauernden Prozess dar. Es macht jedoch wenig Sinn, aufzugeben, wenn es schwierig wird, denn dann gibt es Augenblicke der größten Entwicklungschancen. Hier spielt freudige Bemühung oder enthusiastische Beharrlichkeit eine Rolle. Freudige Bemühung betrifft unsere Einstellung zur spirituellen Übung. Falls unsere Absicht nur darin besteht, ein Regelwerk starr und blind zu befolgen, dann fühlen wir uns wahrscheinlich ziemlich miserabel! Falls wir uns jedoch an den großen Nutzen erinnern, den die Übung der Lehren Buddhas zeitigt, hilft uns das, freudige Bemühung zu kultivieren. Dann gehen wir mit großer Freude auf dem buddhistischen Pfad, weil wir spüren, dass wir eine wunderbare Lebensweise gefunden haben. Freudige Bemühung schließt die tiefe Entschlossenheit ein, auch dann zu praktizieren, wenn wir niedergeschlagen sind oder uns Problemen gegenüber sehen. Sie ermutigt uns, weiter unser Bestes zu geben, und hilft uns, unsere Entschiedenheit aufrechtzuerhalten, wenn wir uns schwach fühlen. Freudige Bemühung ist auch das beste Gegenmittel gegen Faulheit, nicht nur in der Meditation, sondern auch im Alltag.

Drei Aspekte freudiger Bemühung

Traditionell hat freudige Bemühung drei Aspekte. Der erste ist, den großen Wert zu verstehen, des darin liegt, dass wir einen spirituellen Pfad praktisch gehen, und das Vertrauen zu entwickeln, dass wir es schaffen werden. Wenn wir zum Buddhismus kommen und uns als hilflos und eingeengt empfinden, dann ist unsere Haltung zu passiv. Wir glauben dann, das Meditation und die buddhistischen Übunfen uns schon helfen werden und wir nichts tun müssen, als auf einem Meditationskissen zu sitzen. Stattdessen sollten wir freudige Bemühung entwickeln, indem wir uns häufig an die großen Vorzüge der Dharma-Praxis erinnern. Das verleiht uns die Stärke, dem Weg des Buddha zu folgen. Der zweite Aspekt ist, freudige Bemühung aufrechtzuerhalten – trotz aller Rückschläge, denen wir begegnen. Die buddhistische Praxis ist eine ständig anhaltende Übung, ein Prozess, nichts, was wir einmal am Tag oder einige Male in der Woche tun. Wir brauchen also große Entschlossenheit, um nicht aufzugeben. Wir können uns entschließen, unsere Kraft nicht zu verlieren und freudige Bemühung zu behalten, indem wir über den vielfältigen Nutzen der Dharma-Praxis meditieren. Wir entwickeln unsere Dharma-Praxis und erhalten sie aufrecht, brauchen aber immer noch einen zusätzlichen Ansporn. Dies ist der dritte Aspekt der freudigen Bemühung, der Ansporn, unsere Übung durchzuhalten. Das bedeutet ganz praktisch, dass wir nicht nach fünf Minuten aufhören, unseren Atem zu beobachten, oder dass wir im Verkehrsstau solange wirklich ruhig bleiben, bis er sich aufgelöst hat. Wir können uns an unsere eigene innere Buddhanatur erinnern, die eines Tages durch alle Täuschungen hindurch scheinen wird.

„Ein einpunktiges Gemüt (Sanskrit: samatha) ist der voll ausgebildete Zustand des meditativen Geistes. Es dient als der Boden, in dem man Weisheit kultiviert (Sanskrit: prajna), was das beste Mittel gegen unsere Täuschungen ist."

GESHE WANGCHEN

Unten:
Wenn wir an einem friedlichen Ort leben, der unsere Meditation fördert, annehmen, was uns zukommt, ohne nach anderen Dingen zu verlangen, Moral aufrechterhalten, und sinnlose Handlungen fallen lassen, so wird das unsere Konzentration entwickeln und auch bei einer so anstrengenden Arbeit helfen wie dem Teppichweben.

Konzentration oder einpunktiges Gemüt

Die beiden letzten Vollkommenheiten fallen unter Weisheit, weil wir ohne Konzentration nicht tief in das Meditationsobjekt eindringen und so seine wahre Natur erkennen können. Ohne die Entwicklung der Einpunktigkeit des Geistes wird unsere Meditation nicht ihr volles Potenzial verwirklichen. Einpunktigkeit beruht auf der Entwicklung tugendhafter Eigenschaften des Gemüts und darauf, täuschende Gemütszustände zu beseitigen. Wir sollten zunächst Achtsamkeits-Meditation üben. Das beruhigt das Gemüt und verbessert unsere Konzentration. Wenn unser Gemüt ruhig ist, können wir unsere Aufmerksamkeit auf ein Objekt richten. Wenn wir erst einmal die Natur des Objekts analysieren können, erkennen wir die Wahrheit seiner tatsächlichen Existenz. Wir können über ein physisches Objekt wie eine Buddha-Statue meditieren oder über etwas Unkörperliches wie die Leuchtkraft unseres eigenen Geistes. Letzteres bezieht sich auf ein Gemüt, das von Gedanken, Emotionen und Ich-Verhaftungen befreit ist. Wenn wir damit anfangen, wird das Gemüt ganz häufig vom Objekt wegwandern, und wir müssen darauf achten, unsere Aufmerksamkeit zurückzuholen. Wir können Achtsamkeit des Atmens üben, bis sich das Gemüt beruhigt. Die andere hauptsächliche Ablenkung ist Dumpfheit, wenn das Gemüt müde und schläfrig wird. Wir können das Gemüt durch Betrachtung der hervorragenden Eigenschaften des Buddha emporheben.

Drei Schritte zum einpunktigen Gemüt

Der erste Schritt ist die Beachtung der sechs Voraussetzungen, welche die Basis für einen gesammelten Geist darstellen. Es sind: in einer sicheren, ruhigen Umgebung zu leben, die Meditation fördert und nahe bei unserem spirituellen Führer ist; Verlangen zu beherrschen, indem man über Vergänglichkeit und die nichtzufriedenstellende Natur unseres Lebens meditiert; mit unserem Leben zufrieden zu sein, und nicht nach dem zu begehren, was wir nicht haben; sinnlose Aktivitäten ablegen; Moral aufrechtzuerhalten; und sprunghaftes Denken zu vermeiden, wenn unser Gemüt ziellos herumtreibt. Der zweite Schritt ist die tatsächliche Übung des einpunktigen Gemüts, die aus drei Elementen besteht: in der korrekten Haltung zu meditieren; ein Meditationsobjekt zu benutzen, um Konzentration zu entwickeln, was sowohl ein physikalisches Objekt sein kann oder ein Subjekt, das wir mental betrachten; und Konzentration entwickeln, indem wir ein Umherwandern von Gedanken vermeiden, die aus einem übermäßig stimulierten Gemüt auftauchen, bzw. indem wir mentale Trägheit vermeiden, die aus einem schläfrigen Gemüt kommt. Das Ergebnis, wenn man das einpunktige Gemüt praktiziert, ist der dritte Schritt, der zwei Hauptvorzüge hat. Es sind Wachheit und Geschmeidigkeit des Gemüts sowie Befriedung mentaler Hindernisse, was zu Festigkeit und Klarheit des Geistes führt.

"Der Höchste Avalokiteshvara, der Bodhisattva, das große Wesen, antwortete dem Ehrwürdigen Shariputra auf diese Weise: ‚Shariputra, welcher Sohn oder welche Tochter in der Nachfolge der Tradition die profunde Vervollkommnung von Weisheit anstreben möchte, sollte genauso aussehen ... Die Form ist leer; Leere ist Form. Leere ist nichts anderes als Form; Form ist auch nichts anderes als Leere.'"

SHAKYAMUNI BUDDHA

Unten:
Wie die beiden Flügel eines Adlers, helfen uns ausgebildete Fertigkeiten und Weisheit, zur Erleuchtung zu fliegen.

WEISHEIT

In diesen berühmten Worten aus der Herz-Sutra lehrt Buddha die Essenz der Vervollkommnung von Weisheit; Form und Leere sind dem Wesen nach nicht unterschiedlich. Was bedeutet das eigentlich? Wir erleben Formen oder Objekte als feste Dinge. Wir haben gelesen, dass Leere bedeutet, dass sie in Abhängigkeit von den sie bildenden Teilen, von Ursachen und Bedingungen, existiert.

Aber auch die Leere ist leer; auch sie kann nicht nur aus sich selbst bestehen und hängt von Ursachen und Bedingungen ab – wie zum Beispiel bei jemandem, der ihre wahre Natur erfährt. Es gibt keinen festen Boden, auf dem wir stehen könnten. Und doch haben wir eine Neigung zu versuchen, an Dingen als soliden Wesenheiten, als soliden Glaubenssystemen festzuhalten. Es gibt jedoch einfach Objekte und unsere Wahrnehmung dieser Formen, die sich von Mensch zu Mensch leicht unterscheiden. Das ist keine Frage, ob meine Wahrnehmung besser als deine ist, oder ob deine richtig und meine falsch ist. Sie existieren beide einfach, weil jeder von uns einzigartig ist; keine zwei Personen machen genau dieselben Erfahrungen oder haben genau dieselben Reaktionen darauf. Wenn wir unsere Wahrnehmung der Realität nicht gar zu ernst nehmen und anderen Menschen gestatten, ihre eigene zu haben, dann gibt es weniger starre Gesichtspunkte und weniger Auseinandersetzungen.

Am schwersten zu verwirklichen

Dies ist die letzte der Sechs Vollkommenheiten, und sie ist am schwersten zu verwirklichen. Ohne Großzügigkeit, Moral, heitere Bemühung, Geduld und einpunktig gesammeltes Gemüt sind wir nicht in der Lage, die Vervollkommnung von Weisheit ganz zu praktizieren. Weisheit muss sich jedoch auch auf die fünf anderen Vollkommenheiten erstrecken. Sonst taucht Ichhaftigkeit auf, zum Beispiel bei einem Akt der Großzügigkeit – "Ich bin jetzt großzügig", was nur zur Anhäufung von Verdienst führt. Wenn Weisheit in einem Akt der Großzügigkeit gegenwärtig ist, dann gibt es kein Gespür eines "Ichs", das gibt; der Akt ist dann vielmehr eine spontane Geste, die aus Mitgefühl erwächst. Wenn wir auf diese Weise geben oder Moral praktizieren, dann führen uns solche Akte zur Erleuchtung. Und das ist der Grund, warum wir Buddhismus üben, nämlich um frei zu sein von den Leiden der zyklischen Existenz. Der Tradition nach wird diese Überlegung des zwiefältigen Ansatzes am Bild der beiden Flügel eines Vogels erläutert. So praktizieren wir zunächst die fünf Vollkommenheiten – anfangs durchaus noch mit Ichhaftigkeit –, um Weisheit zu entwickeln, und wir üben gleichzeitig Weisheit, um von der Ichhaftigkeit in unseren Handlungen loszulassen. Darin besteht die Vereinigung von Methodik oder ausgebildeten Fertigkeiten mit Weisheit, und wenn diese beiden Dinge harmonisch zusammenwirken, können wir uns zur Erleuchtung emporschwingen.

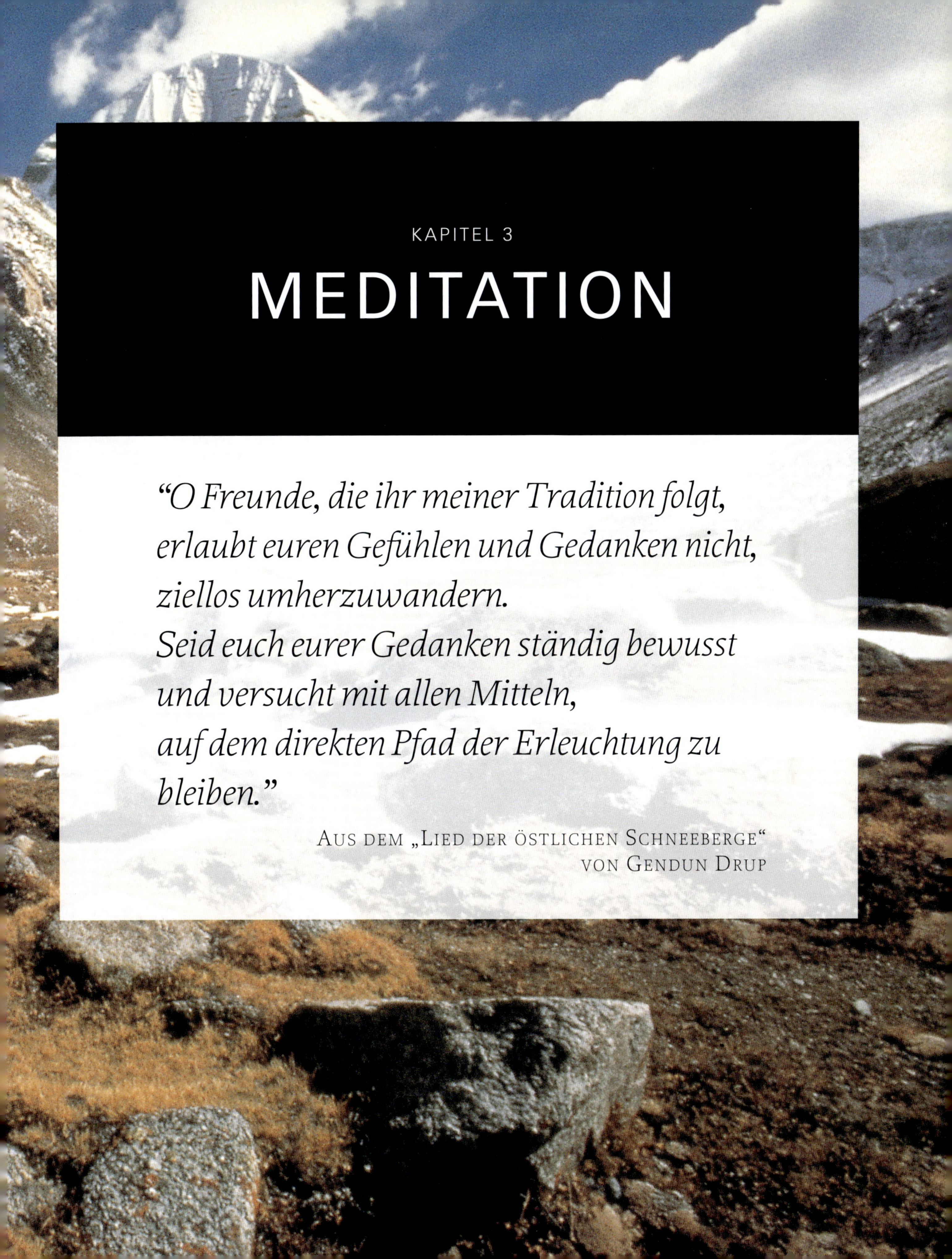

KAPITEL 3

MEDITATION

“O Freunde, die ihr meiner Tradition folgt,
erlaubt euren Gefühlen und Gedanken nicht,
ziellos umherzuwandern.
Seid euch eurer Gedanken ständig bewusst
und versucht mit allen Mitteln,
auf dem direkten Pfad der Erleuchtung zu
bleiben.”

AUS DEM „LIED DER ÖSTLICHEN SCHNEEBERGE“
VON GENDUN DRUP

Vorbereitung zur Meditation

Meditation ist ein innerer Vorgang, Gemüt und Geist zu entdecken und sich damit vertraut zu machen. Wenn wir Meditation praktizieren, können wir Einsicht in uns selbst entwickeln: in unsere Gefühle, Gedanken und Empfindungen. Diese geistige Erforschung stellt die praktische Seite des Buddhismus dar und bezeugt, wie wir die Wahrheit der Prinzipien erkennen und verwirklichen, von denen wir in den vorangegangenen Kapiteln gelesen haben.

Es ist wichtig, während der Meditation offen für Erfahrung zu bleiben. Wir neigen dazu zu glauben, dass unsere Sicht der Welt und der Dinge endgültig ist. Meditation kann uns für eine tiefere Ebene des Verstehens öffnen.

Wir müssen uns fest entschließen, regelmäßig zu üben. Sonst wird unsere Erfahrung oberflächlich bleiben und wir werden daraus keinen großen Nutzen ziehen. Wir sollten auch darauf achten, nicht in das andere Extrem zu verfallen und zu übertreiben, weil wir dann rasch ermüden. Ein gutes Gleichgewicht besteht darin, jeden Tag oder etliche Male in der Woche zu meditieren.

Versuche, keine zu hohen Erwartungen zu haben. Das ist schwierig, weil wir hoffen, inneren Frieden und innere Weisheit durch unsere Meditation zu finden. Aber solche Ziele können zu Hindernissen werden und uns vor unseren Erfahrungen verschließen.

Oben:
Wenn du beginnst zu meditieren, ist es nicht notwendigerweise sinnvoll, so lange zu sitzen, wie es dieser buddhistische Mönch in Sri Lanka tut.

Rechts:
Ein Kissen in einem sauberen, einfach eingerichteten Raum mit einer friedvollen Atmosphäre ist gut für die Meditation, obwohl jeder ruhige Ort geeignet ist.

Gedanken loslassen

1 Wenn schmerzliche Gedanken oder Erinnerungen aufsteigen, beobachte sie nur und lass sie davonziehen. Versuche, dich nicht auf frühere Erfahrungen einzulassen. Dasselbe gilt für angenehme Gedanken, in die wir uns auch nicht vertiefen sollten. Alle Gedanken sind unbeständig, und das können wir durch Meditation erfahren.

2 Es ist gut, einen Zweck für die Meditation zu haben, über den Wunsch hinaus, Frieden zu finden. Eine angemessene buddhistische Motivation ist der Wunsch, erleuchtet zu werden. Das mag erschreckend klingen, aber auch der Buddha musste irgendwo anfangen! Dieser Wunsch wird uns in der Meditation bestärken, wenn sie nicht unseren Hoffnungen oder Erwartungen entspricht.

3 Am besten ist es, Meditation mit der Unterstützung eines Meditationslehrers zu beginnen und mit Freunden, die auch meditieren. Selbst die einfachen Meditationsübungen, die in diesem Buch beschrieben werden, können durch die Führung eines Lehrers und die Gemeinschaft mit gleichgesinnten Freunden wesentlich bereichert werden.

Unten:
Wenn du zu meditieren beginnst, ist es zunächst am besten, die Ermutigung von einem Lehrer zu haben und Freunde, die auch meditieren.

Warum meditieren wir?

Jeder möchte Glück finden und Leiden vermeiden. Häufig suchen wir Glück in Phänomenen außerhalb unserer selbst: in schönen Dingen, delikatem Essen, einer perfekten Beziehung, in Erfolg und Ruhm. Wir denken, dass sie uns Glück bringen, wenn wir diese Dinge haben.

Obwohl diese Dinge uns sicherlich eine Zeit lang Freude spenden, können sie kein dauerhaftes Glück geben. Das ist so, weil sie selbst vergänglich sind und sich deshalb verändern werden, wie es auch unsere Kriterien dafür tun werden, was uns glücklich macht. Wir haben vielleicht schon beobachtet, dass etwas, was uns zunächst glücklich, später doch unglücklich gemacht hat. So, wie wenn wir uns zunächst verlieben, später aber feststellen, dass wir nicht mehr dieselben Gefühle haben.

Wie wir im letzten Kapitel gelesen haben, existieren die Dinge jedoch nicht unabhängig voneinander; alles ist von anderen Dingen abhängig, und nichts ist in sich gut oder schlecht. Keines dieser Phänomene kann uns also wirklich glücklich machen. Wenn wir das mit Hilfe von Meditation verstehen und erkennen, dass wir unsere Wahrnehmung von und unsere Beziehung zu diesen Dingen verändern können, hilft uns das, Leiden zu lindern und Glück zu finden.

Oben:
In einem Retreat in Schottland hängt ein Mönch seine Wäsche auf. Es ist nützlich, erst den Rat eines spirituellen Lehrers einzuholen, der einen gut kennt, bevor man an einem Retreat teilnimmt, um die Meditationsübungen zu vertiefen.

Wir meditieren auch als Antwort auf die existenziellen Probleme. “Meditation fügt dem Lebens nichts Neues hinzu; sie gewinnt zurück, was verloren wurde. Es ist eine wachsende Bewusstheit darüber, was unsere Existenz uns sagt und was sie von uns verlangt ... Meditation und Mysterium sind untrennbar miteinander verbunden” (Stephen Batchelor). Dieses Erforschen des Lebenssinns hilft uns anzunehmen, dass Glück und Leiden beide existieren, ohne das erste zu verlangen und Letzteres zu vermeiden.

Links:
Nonnen in Thailand streben auch danach, so erweckt zu werden wie der Buddha, obwohl sich ihre Wahrnehmung dessen, was es bedeutet, wahrhaft erwacht zu sein an Herz und Geist, unter Umständen leicht von dem unterscheidet, wie es Zen-Übende sehen.

Zeit und Ort

1 Wenn wir uns entscheiden zu meditieren, müssen wir eine geeignete Zeit und einen passenden Ort finden. Es ist sinnvoll, oft zu üben. Dann wird Meditation zu einer regelmäßigen Gewohnheit, die in unser Leben integriert ist, und wir ziehen den größten Nutzen daraus.

2 Eine grundlegende Voraussetzung ist Ungestörtheit. Wir möchten nicht, dass Menschen uns unterbrechen und fragen, was wir da tun. Obwohl wir uns entschieden haben zu meditieren, finden andere das vielleicht seltsam oder albern. Wenn wir unsere Übungen in einem privaten Rahmen durchführen, vermeiden wir unnötige Probleme.

3 Ein ruhiger privater Raum ist ideal, steht aber nicht immer zur Verfügung. Wähle einfach den besten Ort aus, der zur Verfügung steht. Die Zeit, die du wählst, kann dir helfen, Stille und Frieden zu finden. Früh morgens ist eine gute Zeit, weil das Gemüt ruhig ist und noch nicht von den Beschäftigungen des kommenden Tages abgelenkt wird. Wenn man 15 Minuten früher als sonst aufsteht, hat man meistens genug Zeit für eine Meditation.

4 Eine andere gute Zeit ist abends, nachdem alle anderen Aktivitäten des Tages beendet sind. Möglicherweise stellen wir dann allerdings fest, dass unser Gemüt müde ist, und wir müssen aufpassen, während der Meditation nicht einzuschlafen! Falls unser Gemüt jedoch durch irgendetwas aufgewühlt ist, was sich tagsüber ereignet hat, dann ist jetzt eine gute Gelegenheit, es loszulassen und ruhig zu werden, bevor man schlafen geht.

5 Es macht Sinn, mit Zeit und Ort für die Meditation zu experimentieren. Wenn du einmal deine optimale Situation gefunden hast, versuche, sie ständig beizubehalten. Nach einiger Zeit wirst du feststellen, dass bereits der Gang an deinen Meditationsplatz zur vorgesehenen Zeit eine wunderbare Zuflucht vor der Geschäftigkeit des Lebens darstellt.

Haltung

Die korrekte Haltung ist wichtig, weil Gemüt und Körper voneinander abhängen. Wenn wir uns unbequem fühlen, wird unser Gemüt abgelenkt sein. Deshalb ist es hilfreich, zu Beginn der Meditation eine gute Haltung zu finden.

Die klassische Haltung, die von Buddhisten in der Meditation eingenommen wird, besteht darin, mit gekreuzten Beinen auf einem Meditationskissen zu sitzen. Die Beine können kann gekreuzt werden, im vollen Lotussitz mit dem rechten Bein vorn – was Vajrasana-Haltung heißt – oder im halben Lotussitz oder einfach bequem auf dem Boden liegend. Das Kissen wird so untergeschoben, dass der Rücken vom Becken her gestützt wird, während die Beine vor dem Oberkörper sind.

Allerdings ist es nicht für alle Menschen angenehm, auf dem Boden zu sitzen, und es ist auch nicht wesentlich. Eine Alternative ist, auf einem Stuhl oder einem Meditationshocker zu sitzen. Am wichtigsten ist, den Rücken aufrecht zu halten. Das gestattet unserer Energie, frei zu fließen und hilft uns –, obwohl es anfangs ein bisschen schwierig sein mag –, bequem zu meditieren.

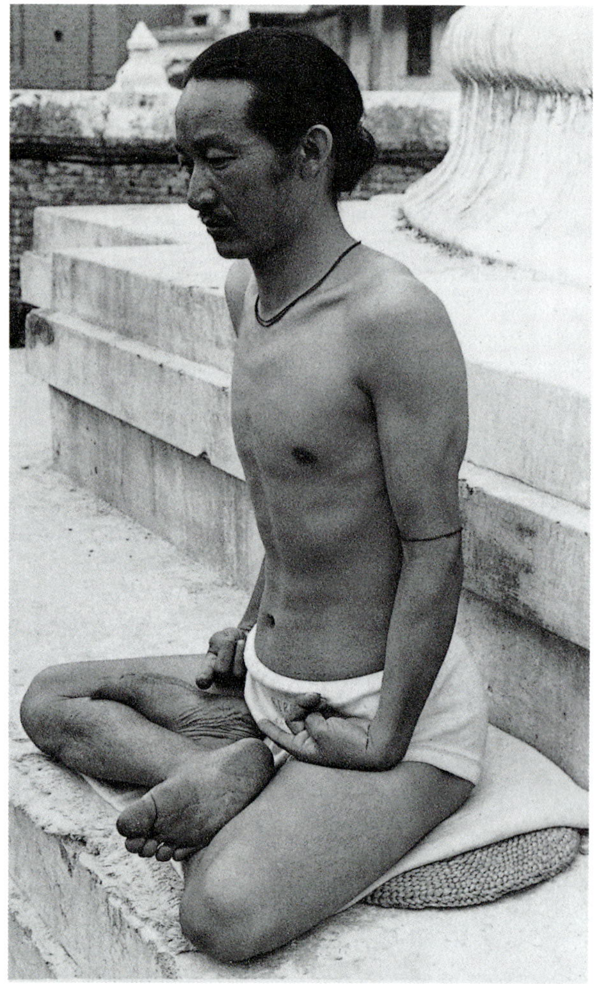

Oben:
Die Haltung dieses tibetischen Yogi ist hoch spezialisiert und hat mit seiner tantrischen Disziplin zu tun. Es ist wichtig, sie nicht ohne Vorbereitung und ohne Anleitung durch einen Lehrer zu versuchen.

Wenn du mit der Meditation anfängst, probiere verschiedene Haltungen aus. Du kannst die Meditationshaltungen abwechseln oder bei jener bleiben, die du am angenehmsten empfindest.

Links:
Variationen traditioneller Meditationshaltungen sind auf diesem Bild zu sehen. Menschen im Westen haben normalerweise nicht die körperliche Beweglichkeit, anspruchsvolle Haltungen einzunehmen. Am wichtigsten ist, den Rücken aufrecht zu halten und bequem und entspannt genug zu sitzen, um ruhig und leicht atmen zu können.

Die rechte Haltung

1 Sitze mit dem Kopf leicht nach vorn geneigt und den Augen locker geschlossen oder teilweise offen und nach unten schauend. Das hilft, sowohl Ablenkungen zu vermeiden als auch Schläfrigkeit.

2 Die Arme sind sanft gefaltet und ruhen im Schoß, die Handflächen zeigen nach oben, eine Hand liegt auf der anderen.

3 Die gesamte Haltung sollte locker sein und frei von Spannungen. Das hilft dem Gemüt, klar und ruhig zu sein.

4 Unausweichlich wird es irgendeine Unbequemlichkeit geben, wenn man längere Zeit still sitzt. Wir sollten versuchen, ein Gleichgewicht zu finden zwischen ständigen Bewegungen und einem stillen Sitzen mit Schmerzen. Das erreicht man am besten, wenn man sich erlaubt, bewusst wahrzunehmen, sobald eine Spannung auftaucht, aber nicht sofort auf sie zu reagieren. Erspüren wir das Gefühl erst eine Weile. Du stellst vielleicht fest, dass die Unbequemlichkeit wie von selbst verschwindet. Falls sie das nicht tut oder die Spannung sogar noch zunimmt, kannst du deine Haltung sanft verändern.

Oben:
Wenn es unbequem ist, auf dem Boden zu sitzen, kann man einen Meditationshocker benutzen.

Links:
Das wichtigste Element der Meditationshaltung ist die aufrechte Haltung des Rückens.

Heitere Gelassenheit und Ruhige Meditation

Links:
Diese Statue von Chenrezig, dem tibetischen Bodhisattva des Mitgefühls, steht im Samye-Kloster. Der Zustand von selbstloser Liebe und Mitgefühl, die Chenrezig symbolisiert, dient als Inspiration für Meditationsübungen.

"Wenn wir verstanden haben, dass nur Weisheit, die in einem einpunktig gesammelten Geist ruht, uns befähigt, Täuschungen von ihrer Wurzel her zu beseitigen, sollten wir uns zuerst darum bemühen, einen einpunktig gesammelten Geist als Grundlage von Weisheit zu entwickeln."

SHAKYAMUNI BUDDHA

Ruhige Meditation ist traditionell als *samatha* oder heitere Gelassenheit bekannt. Sie besteht darin, das Gemüt zu beruhigen und zu festigen, um Konzentration zu entwickeln, was dann zum einpunktig gesammelten Geist führt, wie das Zitat ihn beschreibt. Diese Meditation ist die Grundlage aller Meditationen, da wir ohne ruhige Konzentration keine Kontrolle über unser Gemüt gewinnen können. Deshalb können wir die Übung der heiteren Gelassenheit ganz für sich oder als eine Vorübung für andere Meditationsformen praktizieren. Für Anfänger ist diese Übung am besten geeignet, aber sie ist auch für Fortgeschrittene nützlich.

Unten:
Stille Meditation wird *Samatha* genannt und ist die Grundlage aller Formen von Meditation, da sie das Gemüt für die Konzentration festigt.

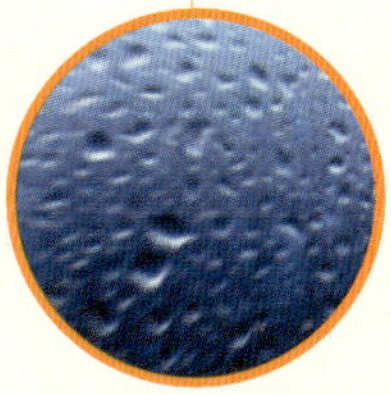

Übung

1 Sitze still in der Meditationshaltung.

2 Werde dir deines Seins in der Gegenwart bewusst, im Hier und Jetzt, und entspanne dich in diesen Raum hinein.

3 Entscheide dich, alle deine Gedanken loszulassen, alle blühenden Phantasien über die Zukunft, alle nostalgischen Erinnerungen an die Vergangenheit, alle Probleme usw.

4 Halte ein Gleichgewicht zwischen angestrengtem Bemühen und Trägheit.

5 Richte deine Aufmerksamkeit auf deine Atmung, und beobachte das Gefühl an deinen Nasenlöchern, wenn jeder Atemzug ein- und ausgeht.

6 Vielleicht ist es hilfreich, jeden ganzen Atmzug bis zehn zu zählen und dann wieder bei eins anzufangen, falls dein Gemüt umherwandert – das ist aber eine individuelle Entscheidung.

7 Achte sorgfältig nur auf deine Atmung, ohne dabei etwa zu versuchen, sie tiefer oder anders auszuführen.

8 Jedes Mal, wenn du bemerkst, dass sich dein Gemüt von der Atmung entfernt hat und stattdessen einem Gedanken gefolgt ist, bringe deine Aufmerksamkeit sanft wieder zum Atem zurück.

9 Sei dir dessen bewusst, dass dein Gemüt wahrscheinlich ziemlich viel herumwandern wird, und werde deswegen nicht zu selbstkritisch, sei andererseits aber auch nicht träge und verliere dich weder in Gedanken noch in Phantasien.

Rechts:
Wenn wir ruhige Meditation üben, ist es wichtig, sich auf jeden Atemzug zu konzentrieren.

Einsichts-Meditation

"Durch vipassana, *(Einsichts-) Meditation, gelangt das Gemüt zur Erkenntnis, dass alles, was auftaucht, auch wieder vergeht und nicht das Selbst ist' - was Buddhas wissen."*

JOHN SNELLING

Oben:
Dieser Mönch meditiert in der klassischen Meditationshaltung.

Links:
Ein Bronze-Bodhisattva aus dem elften Jahrhundert sitzt im *vajrasana* oder der „Diamant-Haltung".

Einsichts-Meditation, unter dem Begriff *vipassana* bekannt, gebraucht das Gemüt, um alle Phänomene, die im Gemüt auftauchen, zu erforschen. Das heißt, durchdringend die eigenen Gefühle und Gedanken zu betrachten und sie zu analysieren. Durch diese Meditation entdecken wir, dass alles, was wir in unserem Gemüt vorfinden, nicht zufriedenstellend, vergänglich und nicht unser wahres Selbst ist. Das ist ein großer Unterschied dazu, wie sich unser Gemüt üblicherweise mit Gedanken und Gefühlen identifiziert.

Diese offene Konfrontation mit den Inhalten unseres Gemüts bringt oft alte, unterdrückte Erinnerungen nach oben, die uns verstören oder schmerzen können. Indem wir ihnen einfach erlauben, im Bewusstsein zu bleiben, ohne sie zu beurteilen oder uns vor ihnen zu ängstigen, können wir ihre substanzlose Natur betrachten.

Einsichts-Meditation

1 Sitze ruhig in der Meditationshaltung.

2 Verbringe einige Minuten damit, dein Gemüt mit achtsamer Meditation zu beruhigen.

3 Beobachte deine Gedanken und Gefühle, wie sie aufsteigen und vergehen.

4 Richte deine Aufmerksamkeit auf das, was immer aufsteigen mag, und konzentriere dich entschlossen darauf.

5 Vertiefe die Konzentration und beginne, deine Gedanken und Gefühle zu analysieren. Achte darauf, dich nicht mit ihnen zu identifizieren – sie sind nicht dein wahres Selbst. Fahre fort, sie in Frage zu stellen.

6 Falls du abgelenkt bist oder dich durcheinander fühlst, bringe deine Aufmerksamkeit zur Atmung zurück und verbringe einige Minuten mit einer Achtsamkeits-Meditation, bis dein Gemüt wieder ruhig geworden ist.

7 Sei dir dessen bewusst, dass sogar deine traumatischsten Erfahrungen substanzlos sind; auch sie tauchen einfach auf und vergehen wieder.

8 Es ist eine gute Idee, zwischen Achtsamkeits- und Einsichts-Meditation abzuwechseln; sie verstärken sich gegenseitig und schützen das Gemüt davor, zu aufgeregt oder zu träge zu werden.

Links:
Einsichts-Meditation hilft, die Sammlung auf Gedanken und Gefühle zu vertiefen.

Geh-Meditation

“Man geht in einer Reihe, sehr langsam, schweigend, mit nach unten gerichteten Augen … Die Achtsamkeit wird aufrechterhalten, während man geht, indem man mit dem linken Fuß vorwärts geht, während man einatmet, und mit dem rechten Fuß einen Schritt macht, während man ausatmet.”

THICH NHAT HANH

Oben:
Meditation im Sitzen kann man mit Geh-Meditation abwechseln, obwohl es wichtig ist, durch die Natur nicht zu sehr abgelenkt zu werden und die Sammlung auf die eigenen Handlungen gerichtet zu lassen.

Meditation im Sitzen wird oft mit Geh-Meditation abgewechselt, obwohl man üblicherweise mehr sitzt als geht. Wie bei anderen Meditationen, steht das Aufrechterhalten von Bewusstheit im Vordergrund. Es gibt aber den zusätzlichen Nutzen, Schmerzen oder Versteifungen zu lindern, die sich vielleicht während des Sitzens ergeben haben.

Die Erfahrung unterscheidet sich deutlich von der im Sitzen, weil sich der Körper bewegt. Normalerweise halten wir Gehen für selbstverständlich und kümmern uns nicht weiter darum, was oder wie wir es tun. Wir haben mehr Interesse daran, von einem Ort an den anderen zu gelangen. Bei der Geh-Meditation ist das Gehen selbst der Zweck: Wir gehen nirgendwo hin.

Bei der Geh-Meditation gehen wir auf gerader Linie etwa zwanzig Meter, pausieren, drehen dann um und gehen wieder zurück. Das wird während der gesamten Zeit unserer Geh-Meditation wiederholt. Die Geh-Meditation in der freien Natur kann die Erfahrung bereichern, solange wir dadurch nicht abgelenkt werden.

Unten:
Die Bewusstheit aufrechtzuerhalten ist bei jeder Meditationsübung von höchster Bedeutung, ganz gleich, ob man sie drinnen oder draußen durchführt. Buddha-Statuen, wie diese aus Stein gehauene in Kathmandu in Nepal, findet man über all im Osten im Freien. Sie werden als Objekte für die Konzentration der Aufmerksamkeit genutzt und als Erinnerung für Menschen, wach zu bleiben.

Geh-Meditation

1. Stehe einige Minuten, und beruhige das Gemüt mit Achtsamkeits-Meditation.
2. Beginne, langsam und rhythmisch zu gehen.
3. Entwickle Bewusstheit über alle Teile des Körpers.
4. Sei dir dessen bewusst, wenn du deine Füße hebst und wieder niedersetzt. Das kann man im Gleichklang mit der Atmung tun, wie es Thich Nhat Hanh vorschlägt.
5. Wenn du den Platz erreichst, an dem du umkehrst, halte inne und werde dir dessen bewusst, dass du einfach ruhig stehst.
6. Drehe dich langsam um, und gehe wieder.
7. Falls du abgelenkt wirst, stehe einige Minuten in Achtsamkeits-Meditation. Wenn deine Aufmerksamkeit zurückkehrt, beginne wieder zu gehen.

Rechts:
Langsames, regelmäßiges Gehen wird das Gemüt beruhigen und Bewusstheit des Körpers entwickeln.

Achtsamkeit bewahren

“Achtsamkeit ist für erfolgreiche Meditation wesentlich. In unserem Alltagsleben hält sie uns in der Mitte verankert, wach und gewissenhaft und hilft uns zu erkennen, was in unserem Gemüt geschieht. Damit hilft sie, auf gewandte Weise mit Problemen umzugehen, während sie auftauchen.”

KATHLEEN MCDONALD

Achtsamkeit hat mit dem Erkennen unseres Denkprozesses zu tun und wird traditionell *satipatthanna* genannt. Wie wir die heitere Gelassenheit im Alltag praktizieren können, so können wir lernen, Achtsamkeit im Alltag zu üben. Eine einfache Technik besteht darin, Gedanken bei ihrem Aufsteigen einfach zu beobachten, und anstatt einem bestimmten Gedanken zu folgen, ihm nur ein „Etikett" zu geben und ihn dann ziehen zu lassen.

Das ist aktive Achtsamkeit. Sie kann uns helfen, nicht in negative Situationen hineingezogen zu werden. Wenn wir uns zum Beispiel um etwas Sorgen machen, fixieren wir uns im Allgemeinen so sehr darauf, dass wir alles andere nicht mehr richtig wahrnehmen. Wir können solche Gedanken mit dem Etikett „Sorgen" versehen und entscheiden, ihnen nicht weiter nachzuhängen.

Auf diese Weise verlieren sie ihre Macht über das Gemüt. Das erlaubt uns auch, das Leben um uns herum bewusster wahrzunehmen. Natürlich taucht der Gedanke an die Sorgen in wenigen Augenblicken wieder auf! Wenn wir aber damit fortfahren, ihn zu benennen und loszulassen, werden wir unser Gemüt einigermaßen beherrschen.

Unten und rechts: Achtsamkeits-Meditation bedeutet, keinem besonderen Gedanken zu folgen, sondern einfach zu beobachten, wie er wie ein Blitz auftaucht und dann wieder im Gemüt verlöscht, ohne ihn zu untersuchen. Das Ziel dabei ist, ungerichtete Bewusstheit darüber zu entwickeln, wie das Gemüt funktioniert.

Die Vorzüge von Achtsamkeit

1 Wenn wir Achtsamkeit praktizieren, werden wir beginnen, Abstand zu unseren Gedanken zu gewinnen. Dieser Abstand gestattet uns zu bemerken, dass wir gewohnheitsmäßige Gedankenmuster haben, da bestimmte Gedanken und Reaktionen regelmäßig auftauchen.

2 Vielleicht bemerken wir, dass wir dazu neigen, pessimistisch zu werden. Das kann wie ein Schock wirken. Oft, wenn wir anfangen zu meditieren und Achtsamkeit üben, sehen wir weniger ideale Aspekte unserer selbst. Das bedeutet nicht, dass wir schlechter sind, als wir dachten, sondern nur, dass wir diesen Aspekt noch nicht bewusst bemerkt haben!

3 Wenn wir unsere Gedankenmuster beobachten, wenn Gedanken aufsteigen und vergehen, und wir erkennen, dass sie nicht zu uns gehören, haben wir eine Chance, sie zu verändern. Das wird kaum rasch geschehen. Wir haben unter Umständen unser ganzes bisheriges Leben damit verbracht, unseren Gedanken unkritisch zu folgen und gewohnheitsmäßige Denkmuster zu entwickeln. Also brauchen wir auch wieder Zeit und Anstrengung, sie zu ändern.

Wir können die Einübung von Achtsamkeit als eine Art von Training für unser Gemüt ansehen. Es braucht Jahre harten Studiums, um ein Arzt zu werden, aber wenn wir das wirklich wollen, werden wir gern bereit sein, entsprechend zu lernen. Die Vorzüge von Achtsamkeit sind unermesslich: Wir können aus unserer üblichen Tagträumerei erwachen und mehr in der Gegenwart leben.

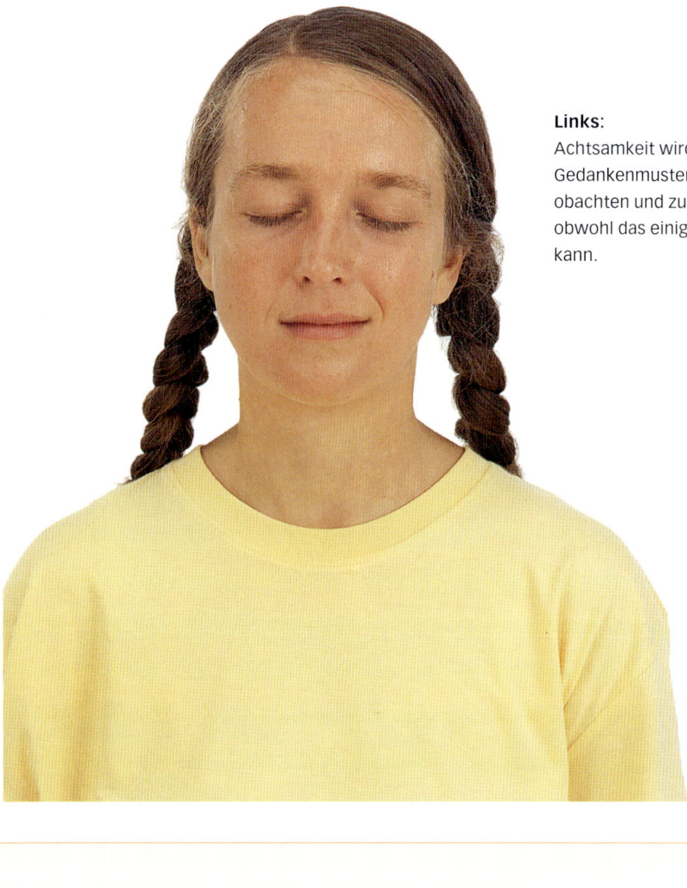

Links:
Achtsamkeit wird dazu führen, Gedankenmuster zu beobachten und zu verändern, obwohl das einige Zeit dauern kann.

Formlose Meditation

Oben:
Meditation muss an keinem bestimmten Platz ausgeführt werden. Man kann dieselbe Bewusstheit erleben, wenn man im Garten tätig ist.

Unten:
Achtsamkeit können wir überall praktizieren. Es ist nützlich, sich jeder Situation und des eigenen Platzes darin bewusst zu sein.

„Die Praxis der Achtsamkeit … sollte sich darauf erstrecken, was in jedem einzelnen Augenblick geschieht."

JOHN SNELLING

Wenn wir an Meditation denken, haben wir oft das Bild eines östlichen Weisen vor Augen, der in einer Höhle sitzt. Solche Menschen haben die Gelegenheit und das Verlangen, ihr Leben der Meditation zu widmen. Die meisten von uns möchten jedoch ein Familienleben führen, eine berufliche Karriere machen und die Freizeit gestalten. Also müssen wir entdecken, wie wir die Qualitäten unserer Meditationen im Alltagsleben einbringen.

Häufig sind wir von Verzögerungen frustriert, wie unnötiges Warten auf den Bus oder auf das Umspringen der Ampel. Das sind ausgezeichnete Situationen, um formlose Meditation zu üben. Normalerweise werden wir ungeduldig, wollen weiter und woanders sein. Und doch sind solche Momente genauso ein Teil unseres Lebens wie erfreulichere Zeiten. Falls wir uns in solchen Situationen immer wieder ärgern, verschwenden wir diesen Teil des Lebens und wünschen ihn weg. Das Leben ist kurz – wie eine Begegnung mit dem Tod offenbaren wird –, also sind auch solche Augenblicke kostbar.

Wie meditieren wir in öffentlichen Situationen, ohne dass andere Menschen denken, dass wir sonderbar seien? Offensichtlich können wir uns nicht mit gekreuzten Beinen und geschlossenen Augen irgendwohin setzen! Aber wir können uns daran erinnern, dass wir atmen, und wir können unsere Aufmerksamkeit auf unseren Atem richten. Thich Nhat Hanh schlägt vor, dass wir diese Augenblicke als Gelegenheiten nutzen, um formlose Atem-Meditation durchzuführen.

Unsere Gefühle benennen

1 Wir können uns auch dessen bewusst werden, was passiert, und indem wir unsere Gefühle als „Frustration" oder „Zorn" benennen, können wir ihre Wirkung verringern. Indem wir uns in solchen negativen Emotionen nicht verlieren, können wir etwas Gemütsruhe finden. Das hilft uns, die Gewohnheit zu durchbrechen, uns jedes Mal zu ärgern, wenn wir den Bus verpassen.

2 Indem wir die jeweilige Situation leidenschaftslos anschauen, können wir Vernunft und gesundem Menschenverstand Raum geben. Wenn es zum Beispiel einen großen Verkehrsstau gibt und wir zu spät kommen, können wir – anstatt aufgeregt und ärgerlich zu werden – die Lage ruhig analysieren. Wir erkennen, dass es nicht unsere Schuld ist, wir können die Umstände nicht ändern, und es nicht von Vorteil ist, wenn wir mit schlechter Laune ankommen. Indem wir die Sinnlosigkeit negativer Emotionen erkennen, verlieren sie ihre Macht über uns.

3 Wir brauchen keine schwierigen Situationen, um formlose Meditation zu üben, sondern können viele Alltagsaktivitäten genauso nutzen. Wir können im Badezimmer achtsam sein, unsere Atmung im Bett beobachten, bevor wir einschlafen, und unsere Gedanken analysieren, während wir einkaufen gehen. Wenn wir einmal beginnen, auf diese Weise zu meditieren, wird unser ganzes Leben eine Gelegenheit, den Nutzen von Meditation zu erfahren.

Rechts:
Unsere Atmung vor dem Schlaf zu beobachten, ist eine formlose Meditationsübung.

Mit negativen Emotionen umgehen

„Die einzige Weise, wie wir Frieden in unseren eigenen Herzen finden können, wie wir den Weg finden, der zur Befreiung führt, besteht darin, dass wir uns selbst, nicht die Welt ändern."

AYYA KHEMA

Links:
Nichts spricht dagegen, Freude am Essen zu haben, aber übermäßiger Genuss sinnlicher Freuden führt zu Habgier.

Im Buddhismus gibt es traditionell fünf Haupthindernisse oder negative Gemütszustände. Es sind:

1. Habgier
2. Zorn
3. Müßiggang
4. Ablenkung, Zerstreuung
5. Skeptischer Zweifel

Die ersten beiden tauchen häufig auf und verursachen mehr Angst und Schmerzen als die anderen, und deshalb wollen wir uns auf sie konzentrieren. Habgier entsteht aufgrund eines übermäßigen Genusses von Sinnesfreuden. Wir alle müssen essen, um zu überleben, und es gibt nichts Schlechtes dabei, dass wir Nahrungsmittel auswählen, die wir mögen, und uns an einem guten Essen erfreuen. Falls das Essen aber zu wichtig wird, verwandelt es sich in Habgier.

Maß zu halten und Zurückhaltung zu üben sind gute Mittel gegen Habgier. Buddhistische Klosterangehörige essen üblicherweise nichts mehr nach dem Mittag – was eine förmliche Methode der Zurückhaltung oder Entsagung darstellt. Laien-Buddhisten müssen nicht so strikt sein, aber nicht übermäßig zu essen stellt einen guten Anfang für unsere Übungen dar. Wir können an das Sprichwort denken: „Iss, um zu leben, aber lebe nicht, um zu essen!" Dieselbe Einstellung hilft uns auch bei anderen Begierden, wie zum Beispiel, wenn wir wollen, dass der Mensch, den wir lieben, uns auch liebt, und dabei, körperliche Berührungen und emotionalen Kontakt zu begehren. Wenn wir den anderen Menschen wirklich lieben, möchten wir, dass er oder sie glücklich ist – und vielleicht sind sie schon glücklich, ohne eine Beziehung zu uns. Oder wir erkennen, dass unser Verlangen nach diesem Mensch uns selbst unglücklich macht, so dass es keinen Sinn macht, daran festzuhalten, und wir besser loslassen sollten.

Zorn

Buddha verglich Zorn damit, dass man glühende Kohlen mit bloßen Händen hochnimmt und sie nach jemand anderem wirft. Beide Menschen leiden, aber zuerst wir selbst. Zorn entsteht meistens, weil wir uns verletzt fühlen, und wir denken, dass wir uns besser fühlen, wenn wir mit gleicher Münze zurückzahlen – wie absurd! Zorn verursacht einfach noch mehr Schmerzen und Zorn. Wir können über ein altes chinesisches Sprichwort nachdenken: „Falls du auf Rache sinnst, schaufele erst zwei Gräber!" Es ist jedoch nicht gesund, Zorn zu unterdrücken, ohne ihn aufzuarbeiten. Das beste Mittel gegen Zorn ist liebevolle Güte, uns selbst gegenüber und gegenüber jenen, die unseren Zorn ausgelöst haben. Liebevolle Güte entsteht, wenn wir erkennen, dass nur jemand, der selbst unglücklich ist, jemand anderen verletzen wird. Deshalb kann die Person, die uns verletzt, nicht glücklich sein, und wir sollten eher Mitgefühl als Zorn über sie empfinden.

Unten:
Buddha verglich den Ausbruch von Zorn damit, glühende Kohlen aufzuheben und sie nach jemandem zu werfen.

Tempel-Etikette

Oben:
Es ist üblich, die Schuhe abzulegen, bevor man in einen buddhistischen Tempel oder Schrein eintritt, als Zeichen des Respekts.

Wenn Sie noch nie in einem buddhistischen Tempel oder Schrein waren, kann die erste Erfahrung etwas seltsam wirken. Unsere moderne Welt ist voll von Orten, die der Unterhaltung dienen; so angenehm sie indes sein mögen, sie lenken uns doch von unserem inneren Leben ab. Der ruhige offene Raum eines buddhistischen Schreins mag deshalb ungewohnt wirken, und so ist es angebracht zu wissen, wie man sich an solchen Orten der spirituellen Übungen verhält.

Bevor man hineingeht, ist es üblich, die Schuhe abzulegen. Das ist nicht nur ein Zeichen der Ehrerbietung, sondern hat auch die nützliche Aufgabe, den Fußboden sauber zu halten. Da man normalerweise auf Meditationskissen auf Bodenmatten sitzt,

Oben:
Die verschiedenen buddhistischen Schulen haben unterschiedliche Schreine, Tempel und Meditationsübungen. Oben „chanten" buddhistische Mönche in Thailand in einer einfachen Halle.

macht das offensichtlich Sinn. Es ist auch wichtig, Kleidung zu tragen, die unaufdringlich und bequem ist, wenn man am Boden sitzt: Miniröcke und hautenge Jeans sollten unbedingt vermieden werden! Meditationshallen sind oft groß und auch zugig, also ist eine warme Kleidung nützlich.

Tempel und Schreine

Die verschiedenen buddhistischen Traditionen kennen ganz unterschiedliche Schreine. In einer Theravada-Meditationshalle wird eine große Buddha-Statue stehen. Diese Statuen sind sowohl Kunstwerke als auch religiöse Ikonen, was sich auch in ihrer Darstellungsweise ausdrückt. Ein Thai-Buddha sieht anders aus als ein burmesischer. Zen-Tempel betonen Einfachheit und sind ziemlich leer, obwohl es meistens ein Buddha-Bildnis gibt. Im Gegensatz dazu sind tibetische Schreine oder *gompas* sehr farbig und mit vielen Gemälden und Statuen dekoriert.

In diesen unterschiedlichen Schreinen ist unser Verhalten jedoch ähnlich. Wenn wir auf die Atmosphäre achten, werden wir leise und überlegt sprechen und leise umhergehen. Oft wird ein buddhistischer Lehrer anwesend sein. Wir verhalten uns ihnen gegenüber respektvoll – nicht nur aufgrund dessen, was sie sind, sondern auch in Wertschätzung ihrer spirituellen Qualitäten. Falls der Lehrer ein Mönch oder eine Nonne ist, müssen wir die Regeln beachten, denen sie folgen, und uns darum bemühen, nicht gegen diese zu verstoßen. Das ist in der Theravada-Tradition besonders wichtig. Ein Mönch sollte keinen körperlichen Kontakt mit einer Frau haben, ihr noch nicht einmal die Hand geben. Dasselbe gilt umgekehrt für Nonnen. Eine geeignete Begrüßung ist die Verbeugung mit gefalteten Händen.

Links:
Auf dem Altar eines tibetischen Flüchtlings in Manali finden sich Fotos des Dalai Lama und Inbilder, die tibetischen Buddhisten heilig sind, die traditionell vor solchen Altären in ihrem Haus beten und ihre Übungen durchführen.

Rechts
In diesem Tempel in Chiang Mai, Thailand, stehen große Statuen des Buddha und anderer Bodhisattvas.

Niederwerfungen

Links:
Niederwerfungen werden als ein Mittel gegen Stolz sowie als Weg zu Erleuchtung und besseren Wiedergeburten beschrieben. Der grundlegende Gedanke dahinter ist, dass man sich vor seiner eigenen Buddhanatur verbeugt.

> *„Ehrerbietig werfe ich mich mit Körper, Rede und Gemüt nieder und biete alle Arten von Opfern dar, sichtbare und geistig transformierte…"*
>
> TIBETISCHES GEBET

Alle drei buddhistischen Traditionen kennen Niederwerfungen. Normalerweise werden sie vor Buddha-Statuen oder -Bildern vollzogen. Wenn Buddhisten einen Tempel oder Schrein betreten oder ihren Lehrer begrüßen, ist das üblicherweise das Erste, was sie tun. Wenn wir den Grund für diese Handlungsweise nicht kennen, kann ein solches Verhalten ziemlich seltsam wirken. Wir können erkennen, dass Niederwerfungen Ausdruck von Hingabe und Ehrerbietung sind, aber aus welchen weiteren Gründen vollziehen wir sie? Auf einer Ebene werfen wir uns natürlich vor einem Bild von Buddha nieder, aber in einer Haltung von Freude und Respekt davor, dass er erleuchtet wurde. Es sind also die Qualitäten, die er repräsentiert, denen wir Ehrerbietung erweisen. Wir werfen uns nicht achtlos einfach so vor einer Statue oder einem Gemälde nieder.

Am wichtigsten ist jedoch, dass wir uns vor unserer eigenen inneren Buddha-Natur niederwerfen, vor unserem Potenzial, zu erwachen. Indem wir den hingebungsvollen Akt der Niederwerfung mit dieser Einstellung durchführen, nähren wir auf aktive Weise die Buddha-Qualitäten, die latent in uns vorhanden sind, und wir sammeln Verdienst an zum Zweck, Erleuchtung zu erlangen. Niederwerfungen sind also sowohl ein Akt der Demut als auch Ehrerbietung für unser eigenes Buddha-Potenzial.

Wie man sich niederwirft

1 Wir werfen uns üblicherweise drei Male vor dem Altar nieder, wenn wir in einen Tempel oder einen Schrein eintreten. Wie aus dem Anfangszitat links zu erkennen ist, führen wir die Niederwerfung nicht nur mit unserem Körper durch, sondern auch mit unserer Rede, indem wir ein stilles Gebet sprechen, das die drei Objekte der Zuflucht preist – Buddha, Dharma und Sangha –, und mit unserem Gemüt, indem wir Ehrfurcht und Vertrauen an die Drei Zufluchten kultivieren.

2 Die drei Traditionen kennen ihre eigenen Formen der Niederwerfung, die sich leicht voneinander unterscheiden. Um die Niederwerfung auf tibetische Art und Weise zu vollziehen, beginnen wir im Stehen. Wir erheben dann unsere Hände, halten die Handflächen über unserem Kopf zusammen als Geste des Grußes, bewegen unsere Hände dann zu unserer Stirn, unserer Kehle und unserem Herzen. Dann fallen wir auf unsere Hände und Knie und berühren den Boden mit unserer Stirn. Wir stehen auf und wiederholen den Vorgang, bis wir insgesamt drei Niederwerfungen durchgeführt haben.

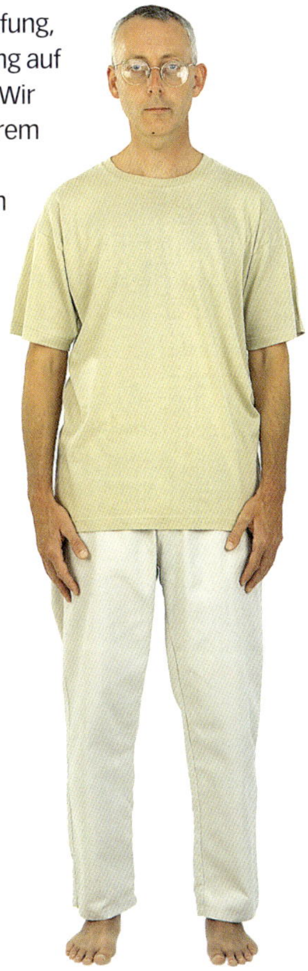

Rechts: Beginne die Niederwerfung im Stehen.

Links: Die Arme sind zum Gruß erhoben und werden dann nacheinander herabgesenkt zur Stirn, zur Kehle und zum Herzen.

Unten: Dann wird der Körper zum Boden gebracht und die Stirn auf den Boden gelegt.

Einen Altar gestalten

„Wenn dir das liegt, kannst du in der Nähe einen Altar errichten, zum Beispiel mit Bildern, die dich inspirieren, oder mit Kerzen, Weihrauch oder anderen Opfergaben."

KATHLEEN McDONALD

Links:
Buddhisten beten oder meditieren manchmal vor Altären draußen im Freien oder in einem Gebäude. Diese Altäre reichen von einfachen Zen-Schreinen bis zur reichen Bilderwelt tibetischer Tempel.

Ein Altar ist keine Voraussetzung für buddhistische Meditation, wenn es aber für dich stimmt, einen Altar zu gestalten und zu pflegen, dann ist es eine andächtige Form, Buddhismus zu praktizieren. Die buddhistischen Traditionen besitzen eine Ikonographie und Symbole, die von der jeweiligen Kultur beeinflusst worden sind und sich ihrem Stil nach unterscheiden. Ein Zen-Altar ist sehr schlicht, während ein tibetischer Altar eine Fülle von Opfergaben und Bildern hat. Das eine ist nicht besser als das andere; sie folgen einfach ihrer jeweiligen Tradition. Wir können uns entscheiden, einer Tradition genau und „rein" zu

Unten:
Alles, was dir kostbar ist oder deine Meditationspraxis fördert – ganz gleich, ob es künstlerisch gestaltet, traditionell oder schlicht ist –, kann Platz auf deinem persönlichen Altar finden.

Rechts:
Ein buddhistischer Schrein in Thailand. Die Gestaltung eines Altars ist Ausdruck der Frömmigkeit eines Volkes und der Werte, die in seiner Kultur geachtet werden.

folgen oder aus mehreren Traditionen Meditationsübungen oder Schriften heranziehen. Wenn wir uns entschließen, nur in der Theravada-Tradition zu praktizieren, dann wäre es am besten, einen Altar zu haben, der dies spiegelt, und unsere Bilder werden dem Stil nach aus Thailand, Burma oder Sri Lanka stammen. Wenn wir uns noch nicht ganz sicher sind, welche buddhistische Schule uns am besten entspricht, dann können wir einen schlichten Altar machen mit buddhistischen Bildern, die uns anziehen.

Ein Grund, einen Altar zu errichten, auf dem Bildnisse stehen, besteht darin, eine Atmosphäre zu schaffen, die unsere Meditation fördert. Wir können unseren Altar auf einem niedrigen Tisch oder einem Regal gestalten oder eine Buddha-Statue aufstellen oder ein buddhistisches Bild an der Wand aufhängen. Obwohl wir den Altar schön gestalten wollen, müssen wir uns dessen bewusst bleiben, dass die Gemälde und Statuen eine religiöse Bedeutung haben.

Opfergaben

Ein weiterer Grund dafür, einen Altar zu errichten, besteht darin, täglich Opfergaben darzubringen oder jedes Mal, wenn wir diesen Raum oder Ort zur Meditation nutzen. Wenn wir Gaben auf unserem Altar niederlegen, handelt es sich nicht nur um physische Objekte, sondern wir reichen damit auch eine innere Opfergabe. Das bedeutet, dass wir achtsam darüber bleiben, warum wir meditieren – um zu unserer wahren Natur zu erwachen –, so dass wir diese reine Absicht den Buddhas ebenfalls als Opfergabe darbringen.

Traditionell bringen wir Dinge dar, welche die Sinne erfreuen und eine reine Qualität haben. Angemessene Gaben sind eine kleine Schale Wasser und einige Blüten, eine Kerze zu entzünden und etwas Räucherwerk. Wir gbringen diese Dinge Buddha dar und unserem eigenen Potenzial, erleuchtet zu sein. Es macht keinen Sinn, minderwertige Dinge darzubringen oder zu vergessen, das Wasser täglich zu wechseln.

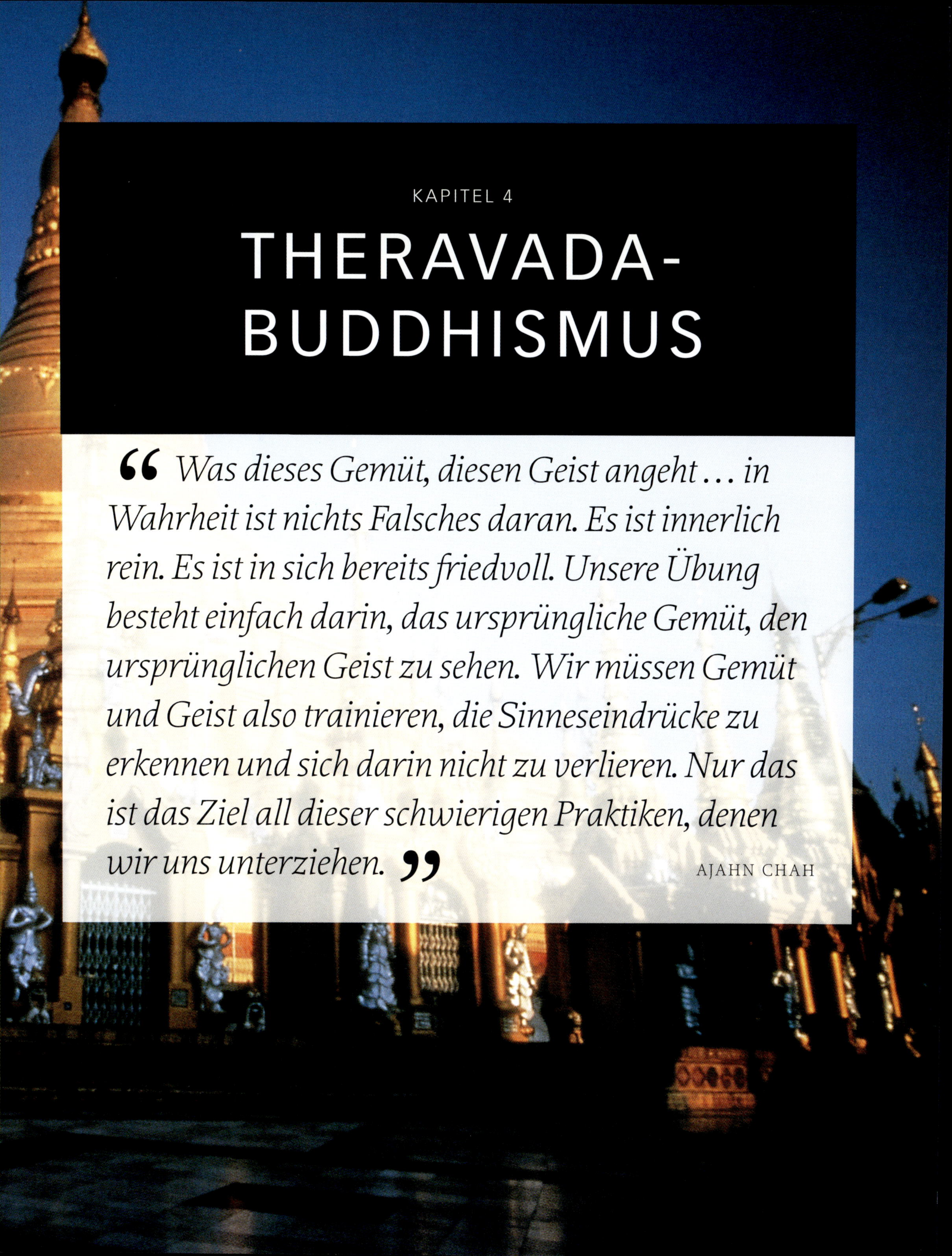

KAPITEL 4

THERAVADA-BUDDHISMUS

“Was dieses Gemüt, diesen Geist angeht … in Wahrheit ist nichts Falsches daran. Es ist innerlich rein. Es ist in sich bereits friedvoll. Unsere Übung besteht einfach darin, das ursprüngliche Gemüt, den ursprünglichen Geist zu sehen. Wir müssen Gemüt und Geist also trainieren, die Sinneseindrücke zu erkennen und sich darin nicht zu verlieren. Nur das ist das Ziel all dieser schwierigen Praktiken, denen wir uns unterziehen.”

AJAHN CHAH

Theravada-Buddhismus

Theravada bedeutet „die Lehren der Älteren". Diese Tradition kann ihre Wurzeln zur Sthaviravada-Schule zurückverfolgen, die sich nach Buddhas Tod in Indien entwickelte. In mancherlei Hinsicht ähneln die Formen des Theravada-Buddhismus deshalb dem, wie Buddha und seine Schüler lebten und praktizierten.

Oben:
Das Yangon-Shwedagon-Paya-Wunder-Symbol. In Burma sind buddhistische Tempel in der Theravada-Tradition wie dieser hier typische Anblicke.

Unten:
Bhikkhus (Mönche) in der Theravada-Tradition leben oft unter asketischen Bedingungen, zum Beispiel in Hütten im Wald oder auf dem Land.

Pali ist die Sprache, in der man Gebete sang bzw. „chantete". Es ist die Sprache, in der die große Mehrzahl der buddhistischen Schriften verfasst ist, die wir als *Suttas* bzw. *Sutras* kennen. Zusammen heißen sie Pali-Kanon. Praktizierende der Theravada-Tradition widmen sich oft akademischen oder meditativen Wegen. Das spiegelt sich in zwei Hauptsäulen: einerseits große Tempel und Klöster – Zentren des Lernens und der Debatte; andererseits ländliche Meditationsklöster, die oft nur aus einigen wenigen Hütten im Wald bestehen.

In Sri Lanka, Thailand und Burma wird das klösterliche Leben als das Wichtigste betrachtet. Auf den ersten Blick wirkt das ziemlich streng und karg. Mönche (die man *Bhikkhus* nennt) und Nonnen essen nur ein Mahl am Tag, das vor der Mittagsstunde eingenommen worden sein muss. Man sammelt das normalerweise auf einem Almosenbittgang, wobei die Klosterangehörigen zu Laien gehen und sich Nahrungsmittel als Gabe in ihre Schalen geben lassen. Buddhisten gehen davon aus, dass dies dem Gebenden Verdienst einträgt. Mönchen und Nonnen ist es nicht

erlaubt, Geld anzufassen oder um Waren zu handeln, so dass sie nicht essen, falls sie ihre Tagesmahlzeit nicht als Almosen erhalten. Das geschieht in den Klöstern selten, kann aber vorkommen, wenn ein Mönch reist. Es gibt eine Vielzahl anderer Regeln, die beachtet werden müssen, zum Beispiel darf ein Klosterangehöriger nur sehr wenige persönliche Besitztümer haben. Trotz der äußeren Armut empfinden Mönche und Nonnen in dieser Lebensweise oft ein großartiges Gefühl der Befreiung und Freude.

Unterstützung der Klöster

Die Rolle der buddhistischen Laien besteht im Wesentlichen darin, die Klosterangehörigen mit regelmäßigen Nahrungsmittelgaben zu unterstützen. Einmal im Jahr, bei einem Fest, das Kathina heißt und das Ende der dreimonatigen Regenzeit ankündigt, geben die Laien auch Stoff für die Gewänder der Mönche und Nonnen. Als Gegengabe erhalten sie spirituelle Inspiration und Rat durch Klosterangehörige, die auch Zeremonien zu Geburt, Heirat und Tod durchführen.

Der Theravada-Buddhismus im Westen hat sich in verschiedenen Richtungen entwickelt, um auf die unterschiedlichen Lebensweisen und Bedürfnisse der Menschen im Westen einzugehen. Es gibt jedoch auch hier Theravada-Klöster, in denen westliche Mönche und Nonnen diese Tradition rein erhalten. Daneben gibt es auch traditionelle Theravada-Klöster, welche den spirituellen Bedürfnissen von Menschen aus Thailand, Burma und Sri Lanka dienen, die im Westen leben.

Rechts:
Theravada-Mönche wie diese fassen kein Geld an und betteln um ihre Tagesmahlzeit, die sie vor Mittag essen; sie fasten, wenn sie kein Essen erhalten. Im Gegenzug bieten sie spirituelle Inspiration und Rat und führen Zeremonien für Laien bei Geburt, Heirat und Tod durch.

“Die immer gegenwärtige, zeitlose Unmittelbarkeit der ‚Dinge so, wie sie sind‘ ist der zentrale Bezugspunkt der Theravada-Schule. Damit ist sie eine fließende und variationsreiche Tradition, die sich in Entsprechung zu den persönlichen, historischen und kulturellen Umständen ihrer Anhänger entwickelt.”

GIL FRONSDAL

Wie Theravada-Buddhismus praktiziert wird

Oben:
Das Kahlscheren des Kopfes stellt üblicherweise die Initiation der Theravada-Mönche und -Nonnen dar. Damit werden einerseits Ich-gefühle in Bezug auf die eigene äußere Erscheinung beseitigt, und andererseits wird die Person damit offiziell außerhalb der gewöhnlichen Gesellschaft und des normalen sozialen Umgangs gestellt.

„Theravada-Buddhismus lehrt Bewusstseins-‚Techniken', die an sich einfach, aber sehr wirkungsvoll sind, wenn man sie laufend anwendet. Er lehrt auch Praktiken, die Eigenschaften wie Großzügigkeit, liebevolle Güte und Mitgefühl stärken. Damit fördert er das Wachstum eines erwachten Herzens und befähigt dazu, weise zu leben."

GIL FRONSDAL

Die Mehrheit der Menschen, die im Westen Theravada praktizieren, sind keine Mönche oder Nonnen. Sie nehmen an Meditations-Retreats teil und sind auch willkommen, die Klöster aufzusuchen. Dort kann jeder, der die Regeln einhält und sich dem Tagesablauf einfügt, einige Zeit bleiben. Westliche Theravada-Praktizierende meditieren gewöhnlich täglich und nehmen an einem Retreat im Jahr teil. Die Dauer dieser vertiefenden Treffen liegt zwischen einigen Tagen und bis zu drei Monaten oder länger, oft aber etwa zehn bis zwölf Tage.

Auf diese Weise kann die Theravada-Tradition im Westen innerhalb des Rahmens eines weltlichen Lebens Raum für die spirituelle Praxis schaffen. Meditation – besonders während einer längeren Zeitspanne in einem Retreat – bringt Ruhe und Klarheit, die wir in unserem normalerweise hektischen Leben besonders gebrauchen können.

Die Meditationspraktiken des Theravada-Buddhismus sind Bewusstheit und Achtsamkeit. Im Westen wird das allgemein Vipassana oder Einsichts-Meditation genannt; es schließt aber Samatha ein, die

Oben:
Dieser Mönch in Bangkok, Thailand, erhält Nahrungsalmosen in seine Schale. In vielen Ländern des Ostens wird Klosterangehörigen auch heute noch Respekt erwiesen, und die Menschen sind daran gewöhnt, Bettelmönchen Essen zu geben.

Oben:
Im Osten werden die Füße als niedrigster Teil des Körpers betrachtet. Sich vor den Füßen des Buddha zu verneigen bezeugt seinen hohen Rang.

Beruhigung des Gemüts. Beide Praktiken gehen auf die Lehren Buddhas zurück, die man in der Satipatthana Sutta findet, im Diskurs über die Vier Fundamente der Achtsamkeit. Er beginnt mit den Worten: „Es gibt, Mönche, diesen Weg, der nur zur Reinigung der Wesen, zur Überwindung von Sorgen und Kummer, zum Verschwinden von Schmerz und Trauer, zum Gewinn des rechten Pfades, zur Erkenntnis von Nirvana führt ..."

Einpunktige Aufmerksamkeit

Wenn wir unsere Fähigkeit der einpunktigen Konzentration auf ein Objekt entwickeln, zum Beispiel auf den Atem, bewirkt das ruhige Konzentration. Wenn das Gemüt ruhig ist, können wir besser beobachten, was innen geschieht; und wenn wir uns auf unsere Gedanken und Gefühle konzentrieren, entwickeln wir Einsichten über sie. Es ist genau diese Einsicht, die uns schließlich erlaubt zu erkennen, dass unsere Täuschungen, unsere Ich-Verhaftung und unsere Abneigungen die Wurzeln unseres Leidens sind.

Diese Meditationen werden durch die Praxis von Großzügigkeit und Ethik gefördert. Wenn wir diese Qualitäten kultivieren, öffnen wir unsere Herzen für andere und erkennen, dass auch sie dieselben Leiden erleben wie wir. Das schwächt unsere Ich-Besessenheit und hilft uns zu erkennen, dass wir in Abhängigkeit mit anderen leben. So wird der praktische, äußere Ausdruck dieser Praktiken zum Nutzen für andere, während der innere Pfad uns allmählich zu Nibbana (bzw. Nirvana) führt, der Abwesenheit von Leiden.

Der Theravada-Buddhismus unterscheidet zwischen spirituellen und säkularen Handlungen, was sich im Pfad der Befreiung und dem Pfad des weltlichen Wohlergehens spiegelt. In der Praxis sind diese Wege nicht getrennt, doch gibt es eine subtile Unterscheidung zu erkennen, dass das höchste Ziel unserer Praxis die Befreiung von der leidvollen Natur des Seins ist, und nicht einfach das Wohlleben in dieser Welt.

Ein Goenka-Retreat

“In den 70er-Jahren war eine spirituelle Odyssee nach Indien ohne einen obligatorischen ‚Goenka-Kurs‘ unvollständig. Goenka begann damit, Inder zu unterrichten, aber bald umfasste sein Publikum Europäer, Amerikaner und Australier, die durch den indischen Subkontinent pilgerten, auf der Suche nach religiöser Erfahrung.”

STEPHEN BATCHELOR

Oben:
Satya Narayan Goenka, ein indischer Meditationslehrer aus Burma, leitet zehntägige Retreats als sogenannte „Intensives“, die in den 70er-Jahren unter „Westlern“ populär wurden.

Unten links:
Burmesische Tempel können sehr künstlerisch gestaltet sein, wie die Schwedagon-Pagode, da es dort eine starke Unterstützung für den Buddhismus und seine Hauptschule gibt, hier Theravada.

Satya Narayan Goenka wurde 1924 in Burma als Sohn einer indischen Familie geboren. Ein Meditations-Retreat mit Goenka oder einem seiner Schüler dauert zehn Tage. Das Retreat wird schweigend durchgeführt, abgesehen von Ansprachen und Anleitungen durch den Lehrer. Teilnehmer meditieren zehn Stunden am Tag, eingeteilt in einstündige Meditationssitzungen und kurze Pausen. Sie sitzen auf Meditationskissen in einer Meditationshalle; Frauen auf einer Seite, Männer auf der anderen. Teilnehmer werden gebeten, sich fest zu entschließen, die ganzen zehn Tage dabeizubleiben.

Anfangs werden sie angewiesen zu spüren, wie der Atem um die Nasenflügel und die Oberlippe fließt. Diese scheinbar einfache Anleitung ist schwierig, ununterbrochen zu befolgen, da das Gemüt aus Gewohnheit abschweift, abgelenkt durch viele Gedanken. Der Lehrer wird die Teilnehmer immer wieder sanft daran erinnern, die Aufmerksamkeit zum Erspüren des Atems zurückzubringen.

Bewusstheit in Gelassenheit

Allmählich wird das Gemüt ruhiger und die Spanne der gesammelten Aufmerksamkeit verlängert sich.

Ein Gefühl des Friedens entsteht, wenn wir in der Lage sind, unseren Atem länger zu beobachten.

Am vierten Tag gibt der Lehrer ein anderes Meditationsobjekt vor und fordert dazu auf, den Körper mit der Aufmerksamkeit zu durchspüren, ohne sich während der jeweiligen Sitzung zu bewegen. Man beginnt oben am Kopf und geht dann nach und nach durch den ganzen Körper. Das dient dazu, „wahllose" Aufmerksamkeit zu entwickeln, also ohne Vorlieben oder Abneigungen, so dass wir weder an angenehmen Empfindungen hängen noch unangenehme bekämpfen. Alle Empfindungen verändern sich ständig. Indem wir nicht auf die unterschiedlichen Empfindungen reagieren und einen offenen Geist bewahren, der nichts beurteilt, können wir beobachten, wie sie auftauchen und vergehen. Am Ende des Retreats, wenn das Schweigen aufgehoben ist und man sich über die Erfahrungen austauscht, fühlen manche Teilnehmer sich so, als ob sie einen schwierigen innerlichen Kampf überlebt haben, und sind froh, dass er vorbei ist. Und doch spüren sie auch, dass sie etwas sehr Besonderes erfahren haben. Viele Teilnehmer kommen zurück und nehmen an weiteren Retreats teil und bemühen sich, die Praxis im Alltag anzuwenden. Alle Retreats werden nur durch freiwillige Spenden finanziert.

Unten:
Das Gemüt wandert aus Gewohnheit; so bemüht man sich darum, es zu beruhigen und die Aufmerksamkeit auf den Fluss des Atems zu lenken. Nachdem sich das Gemüt beruhigt hat, verlängert sich die Spanne gesammelter Aufmerksamkeit und es stellt sich ein Gefühl des Friedens ein.

Das Abhayagiri-Kloster

> *“Abhayagiri bedeutet ‚Furchtloser Berg‘. Das ursprüngliche Abhayagiri-Kloster war im alten Sri Lanka, in Anuradhapura. Dieses Kloster war weithin bekannt dafür, Praktizierende und Lehrer aus vielen buddhistischen Traditionen willkommen zu heißen.”*
>
> AUSZUG AUS DER INFORMATIONSBROSCHÜRE DES ABHAYAGIRI-KLOSTERS

Die Gemeinschaft des Abhayagiri-Klosters praktiziert die Tradition des thailändischen Wald-Buddhismus, wie er vom höchst angesehenen Lehrer Ajahn Chah gelehrt wurde. Das spirituelle Oberhaupt ist Ajahn Sumedho, der Leiter des buddhistischen Amaravati-Klosters in England, einer der herausragenden Schüler von Ajahn Chah. Ajahn Amaro und Ajahn Passano sind Ko-Äbte von Abhayagiri, dem ersten Kloster in Amerika, das von Ajahn Chahs Schülern gegründet wurde.

Abhayagiri wurde 1996 gegründet, nach der großzügigen Spende von 48 Hektar Land im Redwood Valley in Kalifornien. Sie wurde als Akt spiritueller Freundschaft von Meister Hsuan Hua gemacht, einem Lehrer des Mahayana-Buddhismus. Ajahn Sumedho und Ajahn Amaro waren ein Jahrzehnt hindurch lang in der Gegend zu Besuch und hatten gelehrt. Dieses willkommene Geschenk zur rechten Zeit half, eine Basis für ein klösterliches Leben zu schaffen.

Eine Beziehung, die für alle Beteiligten nützlich ist

Das buddhistische Konzept der gegenseitigen Abhängigkeit lebt in Abhayagiri in Form des gegen-

Oben rechts:
Angehörige des Abhayagiri-Klosters in den USA, die im Wald wohnen, halten die Tradition der Bettelmönche aufrecht und tragen Almosenschalen mit sich herum.

seitigen Nutzens zwischen den Klosterangehörigen und den Laien, die sie unterstützen. Indem sie ein spirituelles Leben der Einfachheit und Reinheit leben, geben die Mönche und Nonnen den Laien Inspiration, die ihnen wiederum Unterstützung geben. Damit leben die Klosterangehörigen von den Almosen, und die Laien haben die Gelegenheit, Großzügigkeit zu praktizieren und das spirituelle Sanktuarium zu nutzen, welches das Kloster zur Verfügung stellt. Es entwickeln sich eine Offenheit des Herzens und Mitgefühls füreinander, die allen nutzen.

Links:
Ein buddhistischer Mahayana-Meister gab Ajahn Chah 48 Hektar Land in der Nähe von Lake Tahoe, nicht weit vom Abhayagiri-Kloster in Redwood Valley, Kalifornien.

Rechts:
Diese Hütte im Abhayagiri-Kloster im Redwood Valley in den USA ist ein Beispiel für die schlichte Art der Behausung, die den Mönchen erlaubt, im Stile von Bhikkhus zu leben.

Gäste, die diese Lebensweise respektieren, sind eingeladen, sich bis zu einer Woche lang am Tagesablauf und den Aktivitäten der Gemeinschaft zu beteiligen, obwohl das Abhayagiri-Kloster kein Meditations- oder Retreat-Zentrum ist. Es gibt keine Gästegebühr, jedoch sind Spenden zur Aufrechterhaltung des Klosters willkommen.

Besucher nehmen acht Vorschriften für die Dauer ihres Aufenthalts auf sich. Sie lauten:

1. Harmlosigkeit, Gewaltlosigkeit, Nicht-Schädigen
2. Vertrauenswürdigkeit
3. Keuschheit
4. Rechte Sprache
5. Nüchternheit
6. Nicht nach der Mittagsstunde essen
7. Zurückhaltung der Sinne durch bescheidene Kleidung und Verzicht auf Unterhaltung
8. Wachheit, nicht mehr schlafen als notwendig

Links:
Der Ehrwürdige Ajahn Sumedho ist ein amerikanischer Buddhist, der durch Ajahn Chah unterrichtet wurde. Sumedho ist das spirituelle Oberhaupt der thailändischen Wald-Tradition des Theravada-Buddhismus im Vereinigten Königreich. Er leitet Klöster in England, wozu Chithurst und Amaravati gehören. Mönche und Nonnen arbeiten und meditieren zusammen und leben dort in getrennten Quartieren.

„Ajahn Sumedho hat sich als jemand erwiesen, der außergewöhnlich hoch entwickelte Führungsqualitäten besitzt, denen gleich hohe spirituelle Qualitäten gegenüberstehen. Er hat die Gabe, das Dhamma Menschen aus dem Westen in ihrer eigenen Sprache und voller Humor zu vermitteln."

JOHN SNELLING

Ajahn Sumedho wurde 1934 als Robert Jackman in Amerika geboren. Er begann mit Fernöstlichen Studien an der Universität von Washington, die durch einen Militärdienst als Sanitätsoffizier in der US-Marine während des Koreakrieges unterbrochen wurden. Er besuchte Japan und begegnete dem Buddhismus, kehrte jedoch in die USA zurück und beendete sein Studium mit einem Magistergrad in Asiatischen Studien.

1964 ging er mit dem Peace Corps (Friedenskorps) nach Borneo, wo er Englisch unterrichtete, und besuchte danach Thailand. Er hatte damals mit Meditation begonnen, und während eines Urlaubs in Laos wurde ihm geraten, sich als Mönch weihen zu lassen. Er tat das in Nong Kai, einem Tempel im Nordosten von Thailand. Nach einem Jahr der Übungen als Eremit schloss er sich Ajahn Chah in dessen Kloster Wat Pah Bong an und lernte zehn Jahre lang unter seiner Führung.

Der erste westliche Abt in Thailand

Aufgrund des guten Rufs von Ajahn Chah kamen zunehmend Menschen aus dem Westen nach

Oben:
Das Chithurst-Kloster in England, ein Landhaus mit eigenem Wald, wurde Sumedho und seinen Anhängern von einem Förderer des Buddhismus gestiftet, denman beim Joggen in der Heide von Hampstead in London traf. Heute wohnen hier sowohl Mönche als auch Nonnen.

Thailand, um ordiniert zu werden. 1974 wurde Wat Pah Nanachat gegründet, um dort westliche Mönche auszubilden.

Sumedho wurde Abt, der erste in Thailand, der aus dem Westen stammte. 1977 wurde Ajahn Chah vom Englischen Sangha Trust nach England eingeladen; Ajahn Sumedho begleitete ihn. In England sollte eine Gemeinschaft westlicher buddhistischer Mönche aufgebaut werden.

Aus kleinen Anfängen in einem Haus in Hampstead haben sich mehrere Klöster entwickelt. Dazu gehört Chithurst, das über einen Wald verfügt, der von einem großzügigen Spender gegeben wurde, den man während des Joggens auf der Heide von Hampstead traf! Amaravati, nördlich von London, ist das Hauptkloster in England, und dort hat Ajahn Sumedho seinen Sitz. Er ist das spirituelle Oberhaupt der thailändischen „Wald-Tradition" des Buddhismus im Vereinigten Königreich und wird sowohl von der thailändischen Klosterhierarchie wie von seinen westlichen Schülern hoch geschätzt. Ajahn Sumedho lehrt und leitet Retreats in der ganzen Welt. Etliche seiner öffentlichen Ansprachen wurden auf Tonband aufgezeichnet und sind zugänglich.

Links:
Während der Pausen und der Meditationszeiten sitzen Mönche und Nonnen im Amaravati-Kloster nördlich von London jeweils auf einer Seite des Raums getrennt voneinander. Sumedho hat hier seine Basis, lehrt und leitet Retreats aber überall, in der Wald-Tradition des thailändischen Theravada-Buddhismus.

Eine persönliche Sicht des Theravada-Buddhismus von Kathryn Guta

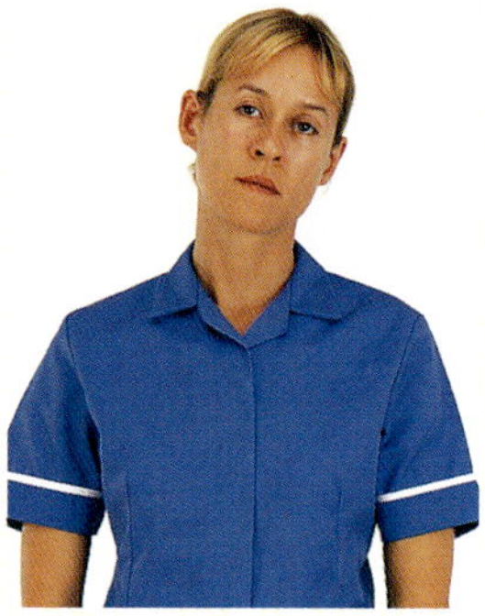

Links:
Die Arbeit als Krankenschwester stellt hohe Anforderungen an mich, aber Meditation hilft mir, entspannt und ruhig zu sein.

Unten:
Nachdem ich von einem Retreat zurückkomme, finde ich, dass ich eine ganz natürliche Freundlichkeit und ein Mitgefühl habe, die ich meinen Patienten weitergeben kann.

Ich bin Krankenschwester am Allgemeinen Krankenhaus von San Francisco, das vor allem Nichtversicherten und Armen dient. Ich unterrichte auch Stress-Verminderung durch Achtsamkeit an verschiedenen Krankenhäusern in und am Kreisgefängnis. Ich praktiziere seit 15 Jahren Buddhismus und war lange Unterstützerin der Theravada-Klosterangehörigen in der Bay Area. Wenn ich von einem Retreat zurückkomme, gibt es einen wunderbaren Augenblick der Rückkehr an die geschäftige Klinik, an der ich arbeite, und ich fühle mich dabei völlig wohl. Es gibt immer noch viele Dinge zu erledigen und eine lange Schlange von Patienten, aber meine Einstellung ist anders. An Stelle der üblichen Irritationen und des Grummelns, spüre ich eine natürliche Güte in mir; diese Zeit nenne ich die „Segenszeit".

Im Allgemeinen muss ich daran arbeiten, freundlich zu sein. Meine Geduld wird laufend durch unbeherrschte Menschen auf die Probe

gestellt oder von einem Gesundheitssystem, das nichts mit Gesundheit zu tun hat. Nach einem Retreat brauche ich mich um Mitgefühl nicht zu bemühen, es scheint auf natürliche Weise da zu sein. Das gebe ich meinen Patienten weiter.

Ich erinnere mich an ein zehntägiges Retreat mit Ajahn Amaro, bei dem ich Mühe hatte, meine Gedanken zu ordnen. Ich kehrte ins Krankenhaus zurück und traf Maria, eine obdachlose junge Frau, die drogenabhängig war und mehrfach Selbstmord versucht hatte. Einmal warf sie sich aus einem Fenster im fünften Stock, und seit dieser Zeit erinnerten ihr entstelltes Gesicht und ihr zahnloser Mund an diesen Sturz. Als sie im Krankenhaus war, sagte sie, dass ihr Stimmen erzählten, sie solle sich wieder etwas antun. Da ich selbst gerade mein skrupelloses Gemüt näher kennen gelernt hatte, meinte ich, verstehen zu können, was Maria jetzt vielleicht erlebte. „Sag mal, Maria, was glaubst du, was die Stimmen sind?" „Ich denke, es sind meine eigenen Gedanken", antwortete sie. Ich erzählte ihr von meiner eigenen Erfahrung, wie ich von Gedanken umgetrieben wurde, die sich auf einen Gewaltakt bezogen, der vor langer Zeit passiert war, und wie ich spürte, dass dieser Gewaltakt immer noch irgendwo in meinem Körper wohnte. Maria nickte.

Verbindung mit Maria

Von diesem Moment an waren Maria und ich verbunden, und zwischen uns entstand eine tiefere Beziehung. Sie suchte mich auf, um Rat und Hilfe einzuholen bei ihren zahlreichen Herausforderungen. Ich sammelte Malartikel, damit sie zu malen beginnen und durch Bilder sich selbst beruhigen und ihr umherwanderndes Gemüt ausdrücken konnte. Einmal gab sie mir eine rosafarbene Kerze als Geschenk. „Wenn du sie anzündest, denk an mich", sagte sie. Mit der Zeit gelang es Maria, einen Platz zu finden, an dem sie sich wohler

Oben:
Wenn ich auf mein eigenes rücksichtsloses und skeptisches Gemüt achte, kann ich die Patienten besser verstehen, die Probleme mit ihrem eigenen Gemüt erleben. Ich stelle fest, dass wir gar nicht so verschieden sind.

mit sich selbst fühlte, obwohl sie auch jetzt noch sehr nahe am Rand einer alptraumartigen Existenz lebt.

Oft sehen wir Menschen durch den Schleier unserer Bilder und Stereotypen. In Krankenhäusern bekommen Menschen Etiketten mit Diagnosen. Nach der konventionellen psychiatrischen Ansicht gibt es einen Riesenunterschied zwischen einer psychotischen und einer „normalen" Person. Meine Erfahrung mit Meditation hat mir gezeigt, dass mein Gemüt nicht so viel anders ist als das von Maria. Aus der Sicht von Buddha sind wir alle verrückt, da wir auf der Ebene von Habgier, Hass und Täuschung agieren. Das Heilmittel, das Buddha anbietet, besteht darin, die Wahrheit zu schmecken, indem man innehält und meditiert. Es ist schwer auszudrücken, wie viel Meditation für mich bedeutet. Ich spüre, dass sie mir das Leben gerettet hat.

Die Mönche und die alte Frau

Eines Tages pilgerten zwei Bhikkhus von einem Kloster zum anderen. Der Weg war beschwerlich und führte über Berge, durch Wälder und über Flüsse. An einem Tag kamen sie an einen Fluss, der durch Regenwasser angeschwollen war und über die Felsen stürzte. Nur den beiden Bhikkhus, die starke, junge Männer waren, würde es möglich sein, den breiten heftigen Strom zu durchwaten. Sie gingen am Ufer entlang, um nach einer geeigneten Stelle zu suchen.

Sie kamen an eine Stelle, an welcher der Fluss die Überquerung noch am ehesten erlauben würde und sahen dort eine alte Frau sitzen. Offensichtlich hatte sie längere Zeit schon dort auf jemanden gewartet, der ihr helfen könnte, ans andere Ufer zu gelangen. Sie freute sich, nun die jungen Männer zu sehen, und bat die Bhikkhus höflich um Hilfe. Sie sagte, dass sie bereits zwei Tage an dieser Stelle auf jemanden gewartet hätte und beinahe verzweifelt wäre.

Ein Mönch weigerte sich, ihr zu helfen, wandte ihr den Rücken zu und begann, ins Wasser zu waten. Der andere Bhikkhu half ihr auf, nahm sie huckepack auf seinen Rücken und ging dann langsam und vorsichtig durch den Fluss. Als er das andere Ufer erreichte, setzte er sie achtsam ab und schritt dann schnell aus, um seinen Gefährten einzuholen, der bereits vorangegangen war.

Sie marschierten eine Weile schweigend nebeneinander her, aber es gab eine Spannung zwischen ihnen, die eine unangenehme Atmosphäre schuf. Schließlich wandte sich der erste Mönch, der Hilfe für die alte Frau verweigert hatte, ärgerlich an den zweiten und sagte: „Du hättest die Frau nicht über den Fluss tragen dürfen! Du weißt, dass es die Vorschrift der Mönche verletzt, eine Frau zu berühren!"

Der Bhikkhu, der geholfen hatte, schaute seinen Gefährten traurig an und antwortete: „Ah, ich habe sie am anderen Ufer abgesetzt, nachdem wir den Fluss sicher überquert hatten. Du, mein Freund, scheinst die Frau immer noch zu tragen."

Was wir aus dieser Geschichte lernen können

Was können wir aus dieser Geschichte lernen? Der erste Mönch hatte Recht in der Auffassung der Theravada-Vorschrift, dass ein Mönch keine Frau berühren sollte. Buddhismus ist jedoch mehr als eine Sammlung starrer Vorschriften und lässt eine persönliche Ausgestaltung unter verschiedenartigen Umständen zu.

Der Bhikkhu, der die alte Frau getragen hatte, handelte aus einem spontanen Impuls des Mitgefühls heraus, und das Mitgefühl war wichtiger als ein starres Festhalten an Regeln. Der andere Mönch, der den Regeln blindlings folgte, ohne sie in Frage zu stellen, ließ sich dadurch daran hindern, einem Menschen in Not zu helfen.

Darüber hinaus wurde er ärgerlich und selbstgerecht, anstatt etwas, was vorbei war, vergangen sein zu lassen; er beharrte in seinen negativen Emotionen. Der hilfreiche Bhikkhu wies auf rechte Weise darauf hin, als er antwortete, dass der erste Mönch die Frau immer noch trüge. Er hatte bemerkt, dass unter diesen besonderen Umständen ein Akt des Mitgefühls wichtiger war, als blind einer Vorschrift anzuhängen, führte diesen Akt aus und ließ ihn auf sich beruhen, sobald die Handlung abgeschlossen war.

Wir könnten also sagen, dass die Moral der Geschichte lautet, dass es Vorschriften gibt, um jene zu führen, anzuleiten und sie zu stärken, die ihnen folgen. Sie stellen aber keine absoluten Regeln dar, die ein Gespür für persönliche Verantwortung ersetzen.

Unten:
Obwohl der Theravada-Bhikkhu eigentlich die alte Frau noch nicht einmal berühren durfte, zeigt die Tatsache, dass er sie über den Fluss trug, dass die Vorschriften im Theravada-Buddhismus unter außergewöhnlichen Umständen flexibel sein können.

Zuflucht nehmen

Oben:
Initiation in den buddhistischen Traditionen nennt man „Zuflucht nehmen". Diese Frau gibt ihrem Wunsch förmlichen Ausdruck, von diesem Lehrer zu lernen, den sie als jemanden achtet, der sie zur Erleuchtung führen kann.

„Zuflucht nehmen gewährt einen ständigen Blick auf das Leben, indem man das eigene Verhalten und Verstehen auf die Qualitäten von Buddha (Weisheit), *Dhamma* (Wahrheit) *und Sangha* (Tugend) *bezieht."*

AJAHN SUMEDHO

Unten:
Im Allgemeinen beachtet man zwischen Lehrern und Schülern gewisse Formalitäten. In jeder buddhistischen Tradition gibt es jedoch festgelegte Regeln, welche die grundlegenden Übungspraktiken bestimmen.

Um die Drei Zufluchten bitten

Die förmliche Art, in der ein Laie einen Theravada-Bhikkhu (-Mönch) oder eine -Nonne um die Drei Zufluchten bittet, ist folgende: Traditionell werden die Worte in Pali „gechantet" oder gesprochen. Ein Mann verwendet jeweils das Wort, das vor dem Schrägstrich steht, eine Frau, das, was nach dem Schrägstrich steht.

1 Verneige dich drei Male von der Taille aus, und halte die Hände dabei in der abgegebildeten Anjali-Haltung.
2 Chante oder rezitiere die folgenden Worte, im Bewusstsein ihrer Bedeutung:
MAYAM/AKAM BHANTA (AYYE) TI-SARANENA SAHA PANCA SILANI YACAMA/YACAMI
Ich, Verehrter Herr (oder Schwester), erbitte die Drei Zufluchten.
DUTTYAMPI MAYAM/AKAM BHANTA (AYYE) TI-SARANENA SAHA PANCA SILANI YACAMA/YACAMI
Zum zweiten Mal erbitte ich, verehrter Herr (oder Schwester), die Drei Zufluchten.
ATIYAMP MAYAM/AKAM BHANTA (AYYE) TI-SARANENA SAHA PANCA SILANI YACAMA/YACAMI
Zum dritten Mal erbitte ich, Verehrter Herr (oder Schwester), die Drei Zufluchten.
3 Der Mönch oder die Nonne rezitieren die folgenden Worte drei Mal; danach rezitiert der Laie sie drei Mal:
NAMO TASSA BHAGAVATO ARAHATO SAMMASAMBUDHASSA
Huldigung an den Gesegneten, den Edlen und den Vollkommen Erleuchteten.
4 Der Mönch oder die Nonne rezitieren das Folgende Zeile für Zeile, und der Laie wiederholt es Zeile für Zeile:
BUDDHAM SARANAM GACCHAMI
Beim Buddha nehme ich Zuflucht. DHAMMA SARANAM GACCHAMI
Beim Dhamma nehme ich Zuflucht. SANGHAM SARANAM GACCHAMI
Beim Sangha nehme ich Zuflucht.
5 Diese drei Zeilen oben werden noch zweimal wiederholt, dabei setzt man DUTTYAMPI/„Zum zweiten Mal" und TATTYAMPI/„Zum dritten Mal" jeweils davor.
6 Der Mönch oder die Nonne sagt: TSARANA - GAMANAM NITTHITAM
Das vollendet, zu den Drei Zufluchten zu gehen.
7 Der Laie antwortet: AMA BHANTA (AYYE)
Ja, verehrter Herr (oder Schwester).

Rechts:
Wenn man als Laie um die Drei Zufluchten bittet, müssen die Hände in der Anjali-Haltung gehalten werden.

Meditation in liebevoller Güte

“Metta ist ein Pali-Wort, das ‚liebevolle Güte‘ oder ‚Freundschaft‘ bedeutet. Es ist Teil der lebendigen Tradition buddhistischer Meditationspraktiken, welche die Weite des Geistes und die Offenheit des Herzens kultiviert.”

SHARON SALZBERG

Oben:
Ein buddhistischer Mönch in Thailand segnet ein Auto und bittet um Sicherheit für die Insassen. Segnungen dieser Art werden von buddhistischen Mönchen manchmal vorgenommen.

Unten:
Die Übung, liebevolle Gefühle zu kultivieren, heißt im Buddhismus *metta* – was im Allgemeinen als „liebevolle Güte" für alle fühlenden Wesen umschrieben wird.

Bei der Metta-Meditation arbeiten wir mit Sätzen. Sie werden nicht laut ausgesprochen, sondern nur mental wiederholt, jedoch erlauben wir den Sätzen, auf natürliche Weise aus unserem Herzen aufzutauchen. Wir kultivieren unsere Gefühle, nicht unseren Verstand.

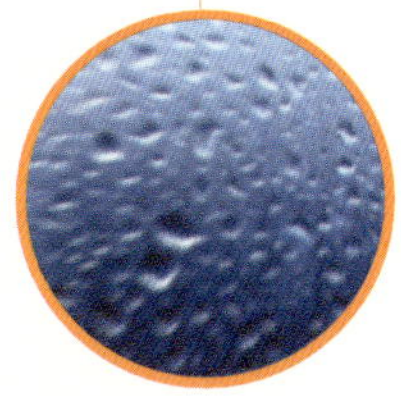

Meditation über liebevolle Güte

1 Setze dich bequem hin und entspanne dich. Entwickle die Motivation, genug Aufmerksamkeit auf das Gemüt zu richten, dass es nicht abschweift, aber nicht so viel, dass die Aufmerksamkeit zwanghaft ist.

2 Wir entwickeln zuerst liebevolle Güte für uns selbst. Manchmal meinen wir, dass wir nicht verdienen, glücklich zu sein, oder wir bewerten uns kritisch. Uns selbst zu lieben und anzunehmen ist der erste Schritt dazu, liebevolle Güte für andere zu entwickeln.

3 Sprich still vor dich hin: „Möge ich in Sicherheit leben. Möge ich geistiges Glück, Frieden und Freude erfahren. Möge ich körperliches Glück haben, Gesundheit und keine Schmerzen. Möge mein Alltagsleben leicht sein."

4 Richte deine Aufmerksamkeit nach etwa 5 Minuten auf jemanden, der dir geholfen hat, wie ein/e buddhistische Lehrer/in oder eine/n ähnliche/n geistige/n Wohltäter/in. Wiederhole die Sätze, verwende deren Namen und empfinde liebevolle Güte für ihn bzw. sie.

5 Richte nach weiteren 5 Minuten deine Aufmerksamkeit auf einen guten Freund, dann auf eine Person, der gegenüber du dich als neutral empfindest. Das Letztere mag schwierig sein, und deshalb kannst du dich daran erinnern, dass auch der Mensch, für den du keine starken Gefühle hegst, frei von Leiden und glücklich sein möchte, genau wie du selbst.

6 Schließlich richtest du deine Aufmerksamkeit auf einen „Gegner" oder „Feind", auf eine Person, die dich verletzt oder geschädigt hat oder für die du negative Gefühle hast. Denke darüber nach, dass du diesen Menschen nicht mögen oder sein negatives Verhalten billigen musst, dennoch kannst du liebevolle Güte für ihn entwickeln, indem du ihm keine Schädigung wünschst. Häufig erleben Menschen, die sich schlecht verhalten, viel Leiden, also kann liebevolle Güte ihnen helfen.

7 Beende die Übung, indem du alle Wesen in deine Sätze einschließt und darüber nachdenkst, dass du mit jedermann verbunden bist. Widme jeglichen Verdienst, der aus deinen Meditationen erwachsen sein mag, dem Glück aller Wesen.

Rechts:
Der erste Schritt zu liebevoller Güte besteht darin, sie für uns selbst zu spüren – das könnte sich als schwieriger erweisen, als du denkst.

Das Mantra „Buddho"

"Falls du ein wirklich aktives Denk-Gemüt hast, findest du vielleicht das Mantra ‚Buddho' hilfreich. Das Wort Buddho ist ein Wort, das du in deinem Leben zu etwas entfalten kannst, das dein Gemüt an Stelle von Sorgen erfüllt. Es bedeutet ‚der, der weiß', der Buddha, ‚der Erwachte', ‚das, was wach ist.'"

AJAHN SUMEDHO

Links:
Der Medizin-Buddha offenbarte alle tibetischen Medizin-Tantras, Heilmittel für alle menschlichen Beschwerden, wie zum Beispiel für ein hyperaktives Gemüt.

Das Mantra „Buddho"

Arbeite still mit dem Mantra „Buddho", wiederhole das Wort in Gedanken, so wie bei den Sätzen zur liebevollen Güte. Diese Meditation hilft bei der Konzentration und kann für sich geübt werden oder zwischen anderen Meditationsformen.

1. Beginne damit, die Empfindung zu beobachten, wie der Atem durch die Nase eintritt und wieder hinausgeht.
2. Bei jedem Einatmen wiederhole dann still, nur in Gedanken, die Silbe „Bud".
3. Bei jedem Ausatmen wiederhole die Silbe „dho". Wir halten unsere Aufmerksamkeit sowohl bei der Atmung als auch bei den Silben „Bud" und „dho".
4. Versuche, deine Aufmerksamkeit jedes Mal auf die Silbe zu bringen. Halte sie strahlend, klar und lebendig; gleite nicht in ein passives und achtloses Wiederholen der Klänge der Silben ab.
5. Wenn Gedanken „Buddho" unterbrechen, erinnere dich daran, dass in den nächsten 10 bis 15 Minuten die Gelegenheit besteht, nur „Buddho" zu wiederholen. Sei im „Buddho" ganz gegenwärtig, du kannst später deine Gedanken ungehindert denken.
6. Verwende „Buddho" nicht, um Gedanken zu unterdrücken. Indem du geduldig und sanft „Buddho" deinen Gedanken „auflegst", werden sie allmählich und auf natürliche Weise vergehen.
7. Wenn es dir langweilig wird und du denkst, „Das ist albern" oder „Das will ich nicht machen", beobachte diesen Gedanken einfach und lass ihn gehen. Sei nicht kritisch oder urteile schlecht über dich selbst. Es ist ganz natürlich, dass solche Gedanke auftauchen, wir müssen uns aber nicht in ihnen verlieren.
8. Versuche, Ideen von Erfolg oder Versagen loszulassen; sie sind die größten Hindernisse für die Konzentration. Anstatt zu denken, „Das mache ich gut" oder „Ich kann das nicht", lerne zu sehen, wohin dein Gemüt abzuwandern neigt, und bemerke Gewohnheitsmuster.
9. Vermeide unangenehme Gedanken nicht, und verliere dich nicht in schönen Gedanken; sie alle sind einfach nur Gedanken.

Rechts:
Mit einem Mantra zu meditieren kann helfen, die geistige Ausrichtung bei jedem Ein- und Ausatmen zu halten.

Achtsamkeit im Alltäglichen

Oben:
Ein buddhistischer Mönch in Sri Lanka praktiziert Gehmeditation. Die Idee dahinter ist zu bemerken, wie wir Dinge des Alltags tun, die wir normalerweise tun, ohne daran zu denken.

"Wir verwenden den normalen Atem, keine spezielle Atemtechnik; wir sitzen, anstatt auf den Füßen oder auf dem Kopf zu stehen; wir gehen normal, anstatt zu laufen, zu joggen oder methodisch langsam zu gehen – einfach in entspannter Geschwindigkeit. Wir üben rundum das, was am alltäglichsten ist, weil wir es für selbstverständlich halten. Aber jetzt bringen wir unsere Aufmerksamkeit zu all den Dingen, die wir für selbstverständlich halten und nie bemerkt haben, wie unser Gemüt und unseren Körper."

AJAHN SUMEDHO

Unten:
Teil der Achtsamkeitsübungen ist darauf zu achten, welche körperlichen Empfindungen auftauchen und wieder vergehen, sowohl in der Sitz- wie in der Gehmeditation.

Achtsamkeit des Alltäglichen

Diese Meditation können wir ausführen, indem wir zwischen jeweils 10 bis 15 Minuten Gehen und Sitzen abwechseln. Sie erinnert uns daran, dass wir normalerweise von dem abgelenkt werden, was außergewöhnlich ist: aufregende Ereignisse, die mit uns geschehen, oder nur fernsehen – sogar Programme über das „normale" Leben enthalten genug Drama, um unsere Aufmerksamkeit festzuhalten.

1 Beginne damit, achtsam auf deinem Gehweg entlang zu gehen, weder schneller noch langsamer als üblich. Wenn du ans Ende kommst, halte inne und pausiere, dann dreh dich um und geh zum anderen Ende.

2 Werde dir jedes Schrittes bewusst, wenn dein Fuß auf dem Weg tritt, sich erhebt und vorwärts bewegt.

3 Denke darüber nach, wie du normalerweise das Gehen für selbstverständlich hältst, weil es eine alltägliche Handlung ist, die wir ständig tun. Sei dir wirklich jedes Schrittes achtsam bewusst.

4 Beobachte körperliche Empfindungen, wie sie auftauchen und vergehen. Dann versuche zu bemerken, wie sich verschiedene Teile des Körpers anfühlen, wenn es dort keine bestimmte Empfindung gibt.

5 Nimm nach 10 oder 15 Minuten die Sitzhaltung ein. Achte darauf, wie du diese Bewegung sonst für selbstverständlich hältst, und sei ganz gegenwärtig, während du deine Haltung vom Gehen zum Sitzen änderst.

6 Beginne damit, dich auf die Empfindung des Atems auszurichten, wie er in deinen Körper eintritt und ihn wieder verlässt. Beginne mit den Nasenflügeln, richte dann deine Aufmerksamkeit auf das Heben und Fallen des Zwerchfells.

7 Achte darauf, deine Atmung nicht zu verändern. Es geht bei dieser Übung um die Beobachtung des Atems; es gibt keine gute oder schlechte Art zu atmen.

8 Denke darüber nach, wie dein Körper auch dann atmet, wenn du dir dessen nicht bewusst bist.

9 Versuche, achtsam bei der Atmung zu sein, ohne etwas Besonderes zu machen.

10 Du kannst dir indes Gedanken machen über die Kostbarkeit und Zerbrechlichkeit deiner Existenz.

11 Entschließe dich am Ende deiner Meditation, auch weiterhin achtsam in Geist, Gemüt und Körper zu sein, wenn du andere Aktivitäten ausübst.

소원성취
丁剡鎭
丁겨운
'95. 8. 15
父母 기원
동양기와
소원성취
김진규
소원성
서울잠실

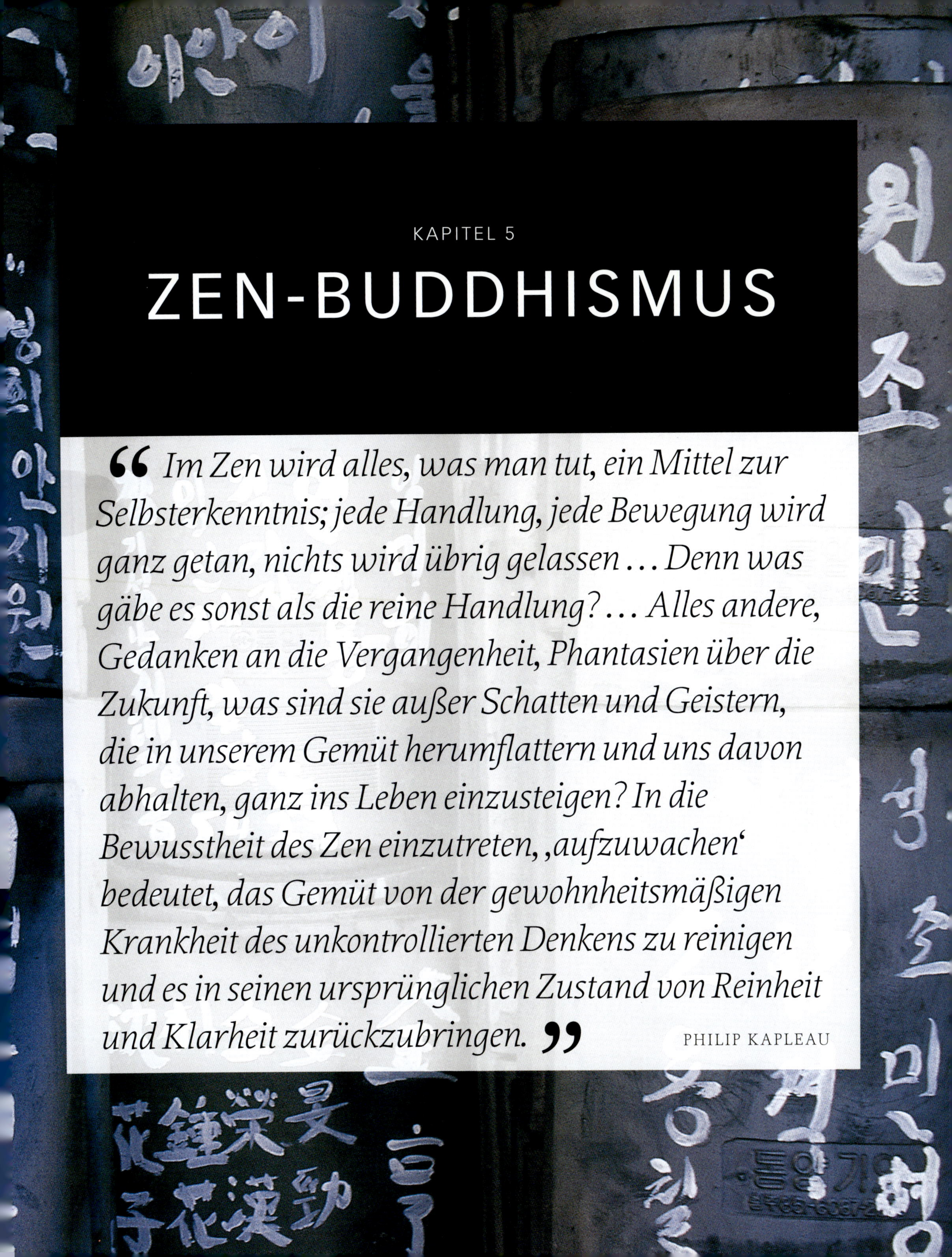

KAPITEL 5

ZEN-BUDDHISMUS

„Im Zen wird alles, was man tut, ein Mittel zur Selbsterkenntnis; jede Handlung, jede Bewegung wird ganz getan, nichts wird übrig gelassen … Denn was gäbe es sonst als die reine Handlung? … Alles andere, Gedanken an die Vergangenheit, Phantasien über die Zukunft, was sind sie außer Schatten und Geistern, die in unserem Gemüt herumflattern und uns davon abhalten, ganz ins Leben einzusteigen? In die Bewusstheit des Zen einzutreten, ‚aufzuwachen' bedeutet, das Gemüt von der gewohnheitsmäßigen Krankheit des unkontrollierten Denkens zu reinigen und es in seinen ursprünglichen Zustand von Reinheit und Klarheit zurückzubringen."

PHILIP KAPLEAU

Zen-Buddhismus

Zen entstand, als der indische Mönch Bodhidharma im sechsten Jahrhundert nach China ging und den Buddhismus in Frage stellte, den es dort damals gab und den er als zu akademisch empfand. Sein Ansatz bestand in einfacher Direktheit – im Hier und Jetzt zu unserer wahren Natur zu erwachen. Zen betont deshalb die Meditation mehr als das Studium, obwohl buddhistische Prinzipien die Grundlage für die Übungen darstellen.

Der Zweck von Zen ist, direkt in die Natur des eigenen Selbst zu blicken; alle andere Anstrengungen und Ziele sind zwecklos – selbst die Bemühung um Erleuchtung. Dieser totale Ansatz macht es möglich, sofort, im gegenwärtigen Augenblick, zu erwachen, anstatt allmähliche Erleuchtung zu erlangen, indem man Verdienste ansammelt und viele Stunden in Meditation verbringt.

Manchmal sind Zen-Meister für ihr bizarres Verhalten bekannt, das sogar wenig buddhistisch erscheinen kann.

Die folgende Geschichte über Alan Watts ist ein Beispiel für das eigenartige Verhalten mancher Zen-Lehrer. Nachdem er in Amerika bereits erfolgreich war, wurde Watts 1953 eingeladen, in England Vorträge zu halten. Er schritt auf die Bühne von Caxton Hall, stand einen Moment lang still und rief dann laut: „Wacht auf!" Das verblüffte Publikum reagierte nicht. Watts versuchte es noch einmal, aber wieder ohne Erfolg, und hielt dann einen konventionellen Vortrag darüber, wie wir alle schlafen!

Zen-Praktizierende verpflichten sich zu den drei Übungswegen von Ethik, Meditation und Weisheit, die auf allgemeinen buddhistischen Prinzipien

Links:
Ein Zen-Meister schlägt Mönche, die darum bitten, während der Meditationsübung mit einem Holzstab. Zen-Praktizierende wollen die ganze Zeit ganz wach bleiben, damit ihre Übung dynamisch bleibt und sie zu ihrer ganzen eigenen Buddhanatur erwachen.

„Der Weg des Buddha ist, sich selbst zu erkennen, sich selbst zu erkennen ist, sich selbst zu vergessen, sich selbst zu vergessen ist, durch alle Dinge erleuchtet zu sein."

DOGEN

Oben:
Der japanische Zen-Buddhismus fördert den Schüler, der einen kritischen Verstand hat, denn die Zen-Meister sagen, dass nur große Zweifel zu einem großartigen Erwachen führen. Ohne Zweifel riskiert man, selbstzufrieden zu werden, was nicht dazu beiträgt, das Ziel von Geistesgegenwart oder Wachheit zu erreichen.

beruhen. Sie werden auch dazu angehalten, die Drei Haltungen zu kultivieren:

Die Drei Haltungen

Großes Vertrauen heißt, an unsere eigene Buddhanatur zu glauben und an nichts außerhalb unserer selbst. Dies scheint im oft missverstandenen Zen-Spruch auf: „Wenn du den Buddha auf der Straße triffst, töte ihn!" Er bezieht sich nicht auf den Buddha, sondern auf den Fall, wenn wir das Vertrauen in unser eigenes Potenzial der Buddhaschaft verlieren und sie auf eine andere Person projizieren. Natürlich haben wir Respekt für unseren Zen-Meister und nehmen vielleicht an, dass er erleuchtet ist – aber nicht zu Lasten unseres eigenen Potenzials.

1. Großes Vertrauen
2. Großer Mut
3. Großes Infragestellen

Wir brauchen Großen Mut, um dem Zen-Weg zu folgen. Es gibt Berichte über extreme Maßnahmen, zu denen Übende greifen, um wach zu bleiben. Der koreanische Meister Kusan Sunim meditierte am Rande einer Klippe; die Angst, herunterzufallen, hielt seine Meditation dynamisch. In manchen japanischen Meditationshallen (die man *Zendos* nennt) öffnet man die Fenster im Winter und schließt sie im Sommer. Das fördert den Großen Mut, um unter schwierigen Bedingungen zu meditieren. Wir benötigen Großen Mut auch, um weiter zu meditieren, wenn wir meinen, nicht vorwärts zu kommen, um unsere Vorstellungen loszulassen und um das herumschweifende Gemüt zu beruhigen.

Das Große Infragestellen ist auch als der Große Zweifel bekannt. Vielleicht fragen wir uns, warum Zweifel und Kritik Teil des Zen-Pfads sind. Damit sind jedoch nicht Misstrauen oder Besorgnis gemeint, sondern die Inspiration, alles immer wieder in Frage zu stellen. Der Zen-Spruch, „Großer Zweifel, großes Erwachen; kleiner Zweifel, kleines Erwachen; kein Zweifel, kein Erwachen", bringt die Ansicht, dass das In-Frage-Stellen zum Erwachen gehört, zum Ausdruck.

Rechts:
Alles in einem Zen-Kloster wird geordnet, um Einfachheit und Ordnung zu stärken, damit die äußere Umgebung der Übenden den inneren Zustand eines geordneten Gemüts spiegelt. Davon sind auch die Mahlzeiten nicht ausgenommen, wie dieses einfache und ordentlich servierte Essen in einem Zen-Kloster zeigt.

Wie Zen-Buddhismus praktiziert wird

Der ursprüngliche chinesische Zen-Buddhismus, Ch'an, verfiel allmählich, wurde jedoch nach Korea und Japan getragen, wo Zen aufblühte und sich weiter entwickelte. Er erreichte auch Vietnam, wo er mit dem Reines Land-Buddhismus verbunden wurde. In Japan überdauerten zwei ganz spezielle Traditionen, und das heutige Zen baut auf diesen beiden auf. Beide Traditionen haben einige Merkmale gemeinsam und sind heute nicht so deutlich von einander unterschieden, wie sie es einmal waren. Traditionell wurde Zen als klösterliche Tradition gelehrt, obwohl auch Laien, darunter auch Frauen, eine Ausbildung erhalten konnten, wenn sie es wünschten. Das Hauptmerkmal der Zen-Praxis ist die sitzende Meditation, die als *Zazen* bekannt ist und das Ziel hat, zur wahren Natur zu erwachen.

Oben:
Praktische Tätigkeiten wie Bauen und Gärtnern sind Teil des Lebens in einem Zen-Kloster, wie in allen anderen buddhistischen Klöstern auch. Zusätzliche Aktivitäten können im Arrangement von Blumen (Ikebana) oder in der Durchführung von Tee-Zeremonien bestehen.

Soto Zen, von Dogen begründet, hat als Hauptübung intensive Meditation im Sitzen, die man *Shikantaza* nennt. Für die Soto-Tradition steht der Gedanke im Mittelpunkt, dass wir alle, wenn wir in Meditation sitzen, tatsächlich Buddhas sind – nicht nur potenzielle Buddhas, die noch nicht erwacht sind. Man sitzt mit dem Gesicht zur Wand. Rinzai Zen, das von Eisai begründet wurde, kennt auch eine Meditationsübung im Sitzen, aber ihr Merkmal ist die Praxis der Koans. Das koreanische Zen, das Son

Rechts:
Koreanische Nonnen meditieren traditionell zusammen im Tempel. Menschen, die auf traditionelle religiöse Weise meditieren, können Rat und Anleitung anbieten, da sie selbst fortgeschrittene Meditierende sind.

Unten links:
Der Zen-Mönch, der hier Zazen oder sitzende Meditation in einem Sandgarten im japanischen Kyoto praktiziert, ist ganz wach. Zen-Meister bilden Mönche dazu aus, jederzeit wach und voll bewusst zu sein.

heißt, arbeitet auch mit Koans, die in Korea Hwadus heißen.

Koans (Hwadus)

Ein Koan oder Hwadu ist eine paradoxe Frage oder Aussage. Manche Koans sind im Westen bekannt geworden, wie „Was ist der Ton der einen Hand, die klatscht?" Das hat jedoch zum Missverständnis geführt, dass ein Koan ein Rätsel ist, das man lösen kann. Die wahre Funktion eines Koans besteht darin, unsere Denkmuster zu durchbrechen; man sollte also nicht erwarten, dass es eine Antwort gibt. Indem wir ständig weiter fragen, versuchen wir, den Intellekt zu umgehen und „zum Koan zu werden".

Regelmäßige Meditationspraxis ist wünschenswert – besonders Zeiten der intensiven Meditations-Retreats, die man *Sesshins* nennt. Das findet im Zendo mit einer Gruppe von Studenten statt. Die traditionelle Bedeutung des Zen-Meisters gibt es auch heute noch. Meditierende haben regelmäßige Gespräche, und es entwickelt sich eine starke, aber meist unpersönliche Beziehung.

“Zen ist eine besondere Übermittlung außerhalb der Schriften; sie beruht nicht auf Worten oder Buchstaben. Sie ist ein direktes Zeigen auf das menschliche Herz und die Verwirklichung von Buddhaschaft.”

BODHIDHARMA

Ein koreanisches Zen-Retreat

Links:
Martine und Stephen Batchelor erlernten in Korea die Form des Buddhismus, die sie in Großbritannien unterrichten. Sie nennen diese Form „radikales In-Frage-Stellen" und bieten einmal im Jahr einwöchige Schweige-Retreats im Gaia-Haus in Devon an. Zu den geübten Praktiken gehören Sitzen, Gehen und In-Frage-Stellen.

"Stephen Batchelor und seine Frau Martine leiten in England Retreats, die sie ‚Radikales Fragen' nennen. Es beruht auf der Ausbildung, die sie von Kusan Sunim (1908-1983) in Songgwang Sa, einem Kloster in der Provinz Cholla Namdo im Südwesten von Korea, erhalten haben."

JOHN SNELLING

Koreanische klösterliche Meditation beruht auf dreimonatigen Retreats, die sich mit dreimonatigen Freizeiten abwechseln. Während der Retreats meditieren die Übenden zehn bis vierzehn Stunden am Tag. Das ist für Laien aus dem Westen wenig praktikabel und wurde deshalb vorsichtig adaptiert, um die ursprüngliche Weise weitgehend beizubehalten.

Retreats dauern eine Woche und werden einmal im Jahr im Gaia-Haus in Devon abgehalten. Die ganze Woche wird geschwiegen, außer bei einem persönlichen Gespräch mit dem Lehrer. Der Tag beginnt um 6.15 Uhr mit dem ersten Sitzen. Nach jedem Sitzen, außer dem ersten und dem letzten, folgt ein zehnminütiges flottes Gehen in der Meditationshalle. Das Sitzen dauert jeweils 35 Minuten, und die gesamte Übungszeit am Tag beträgt 8,5 Stunden, obwohl Teilnehmer auch länger üben können. Vor der ersten und der letzten Sitzung werden Niederwerfungen durchgeführt, begleitet von Opfergaben von Wasser und Räucherwerk. Der Lehrer hält einen Holzstab in der Hand (den man *jukpi* nennt), den er auf die Hand schlägt, um so den Beginn und das Ende der Sitzungen anzuzeigen. Es gibt auch morgendliche Anweisungen und abendliche Lehrvorträge.

Links:
Nach dem Retreat tauschen sich die Teilnehmer aus, damit sie ihre eigenen Erfahrungen mit denen anderer vergleichen können.

Unten:
symbolisiert den erwachten Zustand eines Buddhas.

Dann wird das Hwadu „Was ist das?" eingeführt. Die Teilnehmer werden instruiert, die Frage schweigend zu wiederholen, aber keine Antwort zu erwarten. Wenn das Gemüt abschweift, wird es sanft zur Frage zurück gebracht. Falls das Gemüt stumpf wird, wird den Teilnehmern geraten, das Fragen zu intensivieren. Falls das Gemüt überstimuliert wird, wird vorgeschlagen, zum Atem zurückzukehren. Das Fragen ist keine Sache des Gehirns, sondern die Teilnehmer werden angewiesen, aus dem Bereich unterhalb des Bauchnabels zu fragen, wo ein Energiezentrum ist, das *Tanden* heißt. Das klingt seltsam, hält die Energie aber im Körper geerdet und verhindert so, dass Kopfschmerzen entstehen.

Die Räumlichkeit des Nicht-Wissens

Nach einiger Zeit werden die Teilnehmer angewiesen, eine Weile im Raum des Nicht-Wissens zu ruhen, der sich ganz natürlich daraus ergibt, dass man eine Frage stellt, ohne eine Antwort zu erwarten. Wenn das Gemüt umherwandert, kehrt man zur Frage zurück. Die Räumlichkeit des Nicht-Wissens hilft, das Gemüt von der Ich-Identifikation zu befreien, und man kann die gegenseitige Abhängigkeit von Menschen und Umwelt erfahren.

Das Retreat endet am Morgen des letzten Tages, und die Teilnehmer werden dazu ermuntert, sich auszutauschen. Ein abschließendes Gruppengespräch erlaubt jedem, seine eigene Erfahrung mit den Erfahrungen der anderen zu vergleichen. Diese Art von Retreat eignet sich für Menschen mit Meditationserfahrung.

Rochester Zen-Center

“Das Rochester Zen-Zentrum ist eines der am längsten bestehenden buddhistischen Gemeinschaften in den Vereinigten Staaten. Es bietet eine authentische Zen-Ausbildung im westlichen Kontext an.”

ROCHESTER ZEN CENTER INFORMATIONSBLATT

Das Rochester Zen-Zentrum wurde 1966 von Roshi Philip Kapleau gegründet. Nach seiner Erfahrung als Chefreporter bei den Nürnberger Prozessen begann er mit einer spirituellen Suche. Tag für Tag den entsetzlichen Berichten von Zeugen zuzuhören, verursachte ein Dilemma, das nur durch ein tiefes spirituelles Verstehen gelöst werden konnte.

1953 kam er in einem Zen-Kloster in Japan an und begann eine Ausbildung, die dreizehn Jahre lang dauerte. Zuerst lernte er bei Harada-Roshi und dann bei dessen Nachfolger Yasutami-Roshi. Bei seiner Rückkehr nach Amerika gründete Kapleau das Rochester Zen-Zentrum und veröffentlichte *Die Drei Pfeiler des Zen*, inzwischen ein Klassiker für Zen-Schüler im Westen.

Roshi Kapleau hat sich inzwischen von der Lehre zurückgezogen, bleibt aber eine große Inspiration für die Menschen im Zentrum. Der gegenwärtige spirituelle Direktor ist Sensei Bodhin Kjolhede. Das Rochester Zen-Zentrum folgt einer Tradition des integralen Zen und verbindet Elemente sowohl aus der Rinzai- wie aus der Soto-Schule. Rochester ist eines der bedeutendsten Ausbildungszentren für Zenschüler in Amerika.

Links:
Roshi Kapleau steht neben einem Vesak-Elefanten anlässlich der Feier zu Buddhas Geburtstag. Neben ihm sein *Dharma-Erbe* Sensei Bodhin Kjolhede, derzeitig spiritueller Direktor des Rochester Zen-Zentrums.

Unten links:
Nachdem er Chefreporter bei den Nürnberger Prozessen nach dem Zweiten Weltkrieg war, studierte Kapleau dreizehn Jahre lang in Japan Zen-Buddhismus und gründete dann das Rochester Zen-Zentrum in den USA.

Eine Zen-Vollzeitausbildung

Das Zentrum in Rochester ist so angelegt, dass Lernende eine Vollzeitausbildung im Zen-Buddhismus erhalten können. Das Zentrum ermuntert nicht dazu, einfach einmal vorbeizuschauen. Für Menschen jedoch, die sich für die Ausbildung interessieren, bietet Rochester einen eintägigen Workshop an, der jeden zweiten Monat an einem Samstag abgehalten wird. Dabei wird eine umfassende Einführung in den Zen gegeben, und der Workshop dient als erster Schritt, um ein Mitglied des Zentrums zu werden.

Lernende folgen einem Tagesablauf, der mit Morgen-Zazen um 5.45 Uhr beginnt. Während der Werktage gibt es eine Periode des Zazen nach dem Morgentee und ein förmliches Mittagessen um 12.30 Uhr. Der Werktag endet mit Chanten um 3.30 Uhr. Sonntags gibt es nach dem Morgen-Zazen einen Dharma-Vortrag (der *Teisho* heißt), und der Rest des Tages ist frei. Ungefähr jeden zweiten Monat gibt es ein siebentägiges Sesshin (Retreat), und während des Jahres gibt es kürzere Sesshins. Mitglieder können jede Woche um drei persönliche Gespräche mit dem Lehrer bitten, die man *Dokusan* nennt.

Verschiedene buddhistische Zeremonien werden ebenfalls eingehalten, wozu das Vesak-Fest (die Erinnerung an Buddhas Geburtstag) und der Bodhidharma-Tag (an dem der Gründer der Zen-Tradition geehrt wird) gehören. Im November gibt es eine Zeremonie, die *Jukai* heißt, das Annehmen der Vorschriften.

Oben:
Am Rochester Zen-Zentrum im Bundesstaat New York wird eine Vollzeitausbildung im Zen-Buddhismus angeboten. Nur ernsthaft Praktizierende werden ermuntert, an siebentägigen Retreats teilzunehmen.

Thich Nhat Hanh

"*Thich Nhat Hanh wird heute weithin als einer der führenden Lehrer und Interpreten des Buddhismus im Westen betrachtet.*" STEPHEN BATCHELOR

Links:
Dieser vietnamesische Zen-Mönch wurde ein Führer in der gewaltlosen Protestbewegung gegen den Krieg in Südvietnam in den 60er-Jahren. Ihm ist verboten, in sein Land zurückzukehren, und er wohnt jetzt in Frankreich.

Unten:
Die Zahl der Anhänger von Thich Nhat Hanh steigt jedes Jahr weiter an, auch aufgrund seines Buchs *„Ein Lotos erblüht im Herzen. Die Kunst des achtsamen Lebens"*, das über 150.000 mal verkauft wurde. Er ist auch ein aktiver Sprecher der Friedensbewegung.

Thich Nhat Hanh wurde 1926 als Nguyen Xuan Bao in Vietnam geboren. Mit sechzehn Jahren trat er in das Tu Hieu Zen-Kloster ein und begann seine Zen-Ausbildung. Das Leben floss friedlich dahin, bis es durch den Konflikt zwischen dem kommunistischen Norden und dem antikommunistischen Süden, der zum Krieg mit den USA führte, dramatisch verändert wurde.

Buddhisten wurden von der Diktatur in Südvietnam (und ihren katholischen Führern) verfolgt; die kurz zuvor gebildete Allvietnamesische Buddhistische Gemeinschaft begann, den Buddhismus als einende Kraft im geteilten Land zu verbreiten. Thich Nhat Hanh wurde der Chefredakteur ihres Magazins, und seine gewandte Selbstverpflichtung zum gewaltfreien Protest und zum Buddhismus führte 1961 zu einer Einladung, Buddhismus an der Columbia University in den USA zu lehren.

Thich Nhat Hanh kehrte 1964 zurück und half, die Van Hanh-Universität in Saigon zu gründen. Im Jahr darauf veröffentlichte er einen Gedichtband, in dem er den Wunsch nach Frieden zum Ausdruck brachte und den Krieg kritisierte. Daraufhin wurde er von beiden Bürgerkriegsparteien verdammt, ein Anschlag auf sein Leben verfehlte nur knapp sein Ziel. Unbeeindruckt davon gründete er den Tiep-Hien-Orden, was Orden des Zwischen-Seins bedeutet, mit dem er einen Buddhismus förderte, der gesellschaftliche Verantwortung und Pazifismus als eine Grundlage achtsamer Bewusstheit hervorhob.

Oben:
Es gibt westliche Nonnen, die unter Hanhs Anleitung den traditionellen Formen buddhistischer Nonnen folgen. Besonderer Wert wird darauf gelegt, des gegenwärtigen Augenblicks bewusst zu sein, während man an der Welt teilnimmt, die um einen herum existiert.

Unten:
Jeden Sommer werden im Pflaumen-Dorf in Frankreich Retreats abgehalten unter der Leitung von Thich Nhat Hanh. Dort hat er eine buddhistische Gemeinschaft für vietnamesische Flüchtlinge gegründet. Seine Lehren legen großen Wert auf strikte moralische Verhaltensweisen.

Pflaumen-Dorf

Thich Nhat Hanh reiste dann durch Europa und Amerika, hielt Vorträge über Buddhismus und lenkte mehr Aufmerksamkeit auf das Leiden in Vietnam. Nach der Unterzeichnung der Friedensabkommen in Paris 1973 wurde ihm verboten, nach Vietnam zurückzukehren, und so ließ er sich in Frankreich nieder. Dort gründete er das „Pflaumen-Dorf", eine buddhistische Gemeinschaft für vietnamesische Flüchtlinge, und fuhr fort, als Sprecher für die buddhistische vietnamesische Friedensbewegung zu arbeiten. Immer mehr Besucher kommen, jeden Sommer werden Retreats abgehalten.

Thich Nhat Hanh wurde 1967 von Martin Luther King Jr. für den Friedensnobelpreis nominiert. Seine Bücher bieten profunde buddhistische Lehren und Lyrik, die einen engagierten Buddhismus betonen.

Eine persönliche Sicht des Zen von Amy Hollowell

Mein Weg beginnt gerade hier. Wenn ich aus dem Fenster schaue, durch die Büsche, die in wilder Blüte stehen, habe ich einen Blick auf die rückwärtige Gartenmauer, deren grauer Stein von rotgebrannten Ziegeln gekrönt wird. Das alles liegt im Licht einer Nachmittagssonne im Frühling.

Mein Weg beginnt gerade jetzt. Das unerwartete Klingeln des Telefons schreckt mich auf. Eine Erkältung am Ende der winterlichen Jahreszeit hat mich ausgelaugt und mir eine wunde Nase verschafft – ich versuche, bei einem heißen starken Tee Linderung zu finden. Mit jedem Schluck bin ich geradewegs hier, im Jetzt, wo mein Weg immer beginnt und wo er niemals endet. Hier führt er immer nur tiefer in die unauslotbaren Weiten jedes einzelnen vollkommenen Augenblicks.

Dieser Weg ist mein Leben. Wenn ich in Meditation sitze, erhalte ich einen Panoramablick dieses Pfads, der einfach all die Dinge ist, so wie sie sind, ohne Ende. Wenn ich überlege, was aus meinem Leben vielleicht ein "Zen-Leben" macht, finde ich heraus, dass nichts Zen genannt und nicht mein Leben genannt werden kann, und nichts, was mein Leben genannt werden kann, kann nicht Zen genannt werden.

Zen zu praktizieren ist, mein Leben zu praktizieren. Das heißt, wahrhaft und vollständig zu leben, nichts zurückzuhalten, sondern weit hinauszufliegen, mit ausgebreiteten Armen und Beinen, in das sublime Kreuzfeuer des Hier und Jetzt. Es heißt, ganz zu leben. Oder besser: Es heißt, es alles zu sein – vollständig zu sein, wer und was ich bin, wer auch immer und was auch immer das sein möge.

Natürlich suchen und wählen wir ständig aus, wer wir sein und wer wir nicht sein wollen, und verfehlen damit zu sehen, wer wir wirklich sind. Als mein zweites Kind noch sehr klein war, produzierte mein Körper nicht genug Milch, also brauchte es bei jedem Stillen ein zusätzliches Fläschchen. Ich war niedergeschmettert. Was für eine ungeeignete Mutter ich doch war! Ich war überhaupt nicht so, wie ich glaubte, sein zu sollen, was mir großes Leid schuf zu einer Zeit, als ich ohnehin schon

Links:
Das Leben auf dem Lande in Frankreich kann für einen Zen-Praktizierenden sehr idyllisch sein, wenn man jeden Augenblick des Lebens schätzt und weiß, dass man das Leben jederzeit ohne Beschränkung oder Begrenzung erfahren kann. Die einzige Begrenzung besteht in dem, was wir hinzufügen. Wenn wir es richtig betrachten, sehen wir, dass „unendliche Fülle" im Herzen von allem ist, was wir beobachten und dem wir begegnen.

Links:
Als ich nicht mehr darauf achtete, was Regen mit meinem Haar machte, konnte ich beginnen, jedes Duschen zu genießen und jeden vollkommenen Regentropfen als das zu schätzen, was er war.

erschöpft und überwältigt war von den Anforderungen, mich um zwei kleine Kinder zu kümmern.

Tun, was zu tun war

Am Ende konnte ich nur das erledigen, was getan werden musste. Ich fütterte und badete die Kinder, hielt sie, streichelte sie, liebte sie. Monate vergingen. Sie wuchsen. Sie blühten auf. Als ich die Vorstellungen, was für eine Mutter ich sein sollte, fallen gelassen hatte, blühte auch ich selbst auf.

Dieses Nicht-woanders-Hinschauen ist mein Weg. Ich kann üben, während ich meditiere oder Wäsche falte. Die Wahrheit ist überall, aber um sie zu sehen, muss ich hier sein. Ich hasste Regen, weil die Feuchtigkeit mir lockiges Haar machte und ich glatte Haare haben wollte. Wenn es regnete, bekam ich gelockte Haare und litt fürchterlich.

Als ich mich davon verabschiedete, dass mein Haar in einer bestimmten Weise sein sollte, konnte ich mich auch davon verabschieden, dass die Welt auf eine bestimmte Weise sein sollte, und ich konnte in ihrem Überfluss geradezu eintauchen. Alles und jedermann sind in jedem Augenblick wie Regentropfen, wie Wunder reinen Gutseins. Im Herzen jedes Augenblicks gibt es nichts als dies: eine unendliche Fülle. Wo immer ich hinblicke, sehe ich sie. Du bist das, wundervoll. Und das, genau hier, ist mein vollkommener Weg.

Rechts:
Als ich die Vorstellung losließ, dass ich eine perfekte Mutter zu sein hatte, waren sowohl meine Kinder als auch ich glücklich. Ich stellte fest, dass ich meditieren konnte, während ich Alltagsaufgaben erledigte.

Bodhidharma

Bodhidharma ist eine legendäre Zen-Gestalt und gilt als Erster Patriarch des chinesischen Ch'an oder Zen. Er kam im sechsten Jahrhundert aus Indien nach China. Die Geschichte zeigt, wie sein strenger Ansatz letzten Endes seinen Schülern diente und ihnen half, Erleuchtung zu erlangen.

Bodhidharma hatte neun Jahre lang im Shaolin-Tempel meditiert, mit dem Gesicht zur Wand, wie es für die Ch'an-Meditation traditionell ist. Ein Mönch kam an und erbat Belehrung, aber Bodhidharma lehnte ab. Verzweifelt in seinem Begehren, die Aufmerksamkeit des Meisters zu gewinnen, nahm der Mönch schließlich ein Schwert in seine rechte Hand und schnitt sich seinen linken Arm als Zeichen seiner Ernsthaftigkeit ab. Diese dramatische Handlung erregte Bodhidharmas Aufmerksamkeit, und er war sofort bereit, mit dem Mönch zu sprechen. Dieser bat: „Meine Seele ist nicht im Frieden. Meister, bitte befriede sie für mich." „Bring mir deine Seele hierher, und ich werde sie befrieden", antwortete Bodhidharma. Nach einer Pause gab der Mönch zu: „Ich habe Zeitalter hindurch danach gesucht, aber nirgendwo eine Spur von ihr gefunden." „Siehst du!" rief der Meister aus, „Sie ist ein für alle Mal befriedet."

Bodhidharma war gegenüber dem Mönch nicht grausam; seine Weigerung erlaubte es dem Mönch, seine Frage tiefgehend zu überdenken und stärkte seine Entschlossenheit zu erwachen.

Das heißt selbstverständlich nicht, dass wir uns selbst verstümmeln sollen, um unsere Lehrer zu beeindrucken! Wie bei vielen anderen Zen-Geschichten können wir auch diese eher als eine Metapher denn als eine historische Begebenheit betrachten. Es ist nicht wichtig, ob sich diese Geschichte wirklich so zugetragen hat, sondern ob wir die Wahrheit in ihr sehen.

Links:
Als der Mönch seinen Arm abschnitt, bewies dies seine große Entschlossenheit, auf dem spirituellen Pfad zu gehen, und es war ein Zeichen dafür, dass er nicht an seinem Körper haftete.

Was ist das?

Die nächste Geschichte ist kein reines Zen, sondern eher eine kulturelle Grenzüberschreitung zwischen zwei buddhistischen Traditionen. Ein Freund hat sie mit erzählt, der Assistent eines der beiden Lehrer war. Ein bekannter Zen-Meister und ein bekannter tibetischer Lama sollten sich begegnen. Die Begegnung wurde von den Schülern, die ihre Lehrer begleiten sollten, sehnlichst erwartet, und sie erwarteten, wunderbare Diskurse über das Dharma zu hören. Keiner der beiden Lehrer hatte zuvor die Tradition des anderen kennen gelernt.

Der große Tag war schließlich gekommen. Der tibetische Lama ging in den Raum, in dem der Zen-Meister wartete. Ohne irgendwelche Formalitäten, in echtem Zen-Stil, nahm der Zen-Meister eine Orange aus einer Fruchtschale auf dem Tisch und hielt sie dem tibetischen Lama entgegen. Mit einem „Was ist dies?" forderte er ihn zur Antwort auf. Der tibetische Lama war von diesem Verhalten etwas überrascht. Er wandte sich an einen seiner Begleiter und fragte: „Was ist los? Hat er noch nie zuvor eine Orange gesehen?"

Das ist komisch, aber auch eine wertvolle Lektion. Keiner der Lehrer verstand auf Anhieb den Ansatz des anderen, weil sie aus verschiedenen Kulturen stammten und deshalb unterschiedliche Interpretationen des Dharma hatten. Das bedeutet nicht, dass sie geringere Lehrer waren, lediglich, dass Dharma bis zu einem gewissen Maß kulturell bedingt ist. An diese Geschichte können wir denken, wenn wir japanische, koreanische oder andere Buddhismus-Lehrer treffen und nicht verstehen, was sie sagen oder tun. Obwohl das Dharma universal ist, müssen wir auch etwas von der Kultur unseres Lehrers verstehen.

Links:
Die Geschichte der Mönche und der Orange zeigt, wie unterschiedliche Kulturen unterschiedliche Interpretationen des Dharmas haben. Obwohl das Dharma universal ist, ist ein Verständnis der Kultur auch wichtig.

Zen und die Künste

“Jede menschliche Handlung kann als eine Übung zur Erleuchtung unternommen und so durchgeführt werden, dass sie das Unaussprechliche ausdrückt. So hat der Zen-Buddhismus der Welt die Kunst des Bogenschießens gegeben, Zen-Karate, meisterliche Zen-Schwertführung, Zen-Blumenkunst, Zen-Teezeremonie und die Kunst des Zen-Tanzes.”

SUN OCK LEE

Man kann sagen, dass Zen das Leben als eine Kunst ansieht, in der jeder Moment in vollständiger Achtsamkeit gelebt werden kann, um zu erwachen. So entstanden ganz natürlich viele rituelle Kunstformen als Teil der Zen-Praxis.

Manche Formen – wie Teezeremonien – betonen das Ritual als eine Technik, um im Augenblick zu bleiben. Jeder Gegenstand wird genau auf eine bestimmte Stelle gestellt und präzise benutzt; jeder Moment, vom Aufnehmen der Tasse bis zum Trinken, wird auf besondere Weise ausgeführt. Die unbeirrbare Förmlichkeit wird mit einer exquisiten Eleganz verbunden, so dass die gesamte Zeremonie eine Opfergabe der Achtsamkeit wird.

Links:
Jede menschliche Handlung kann als eine erleuchtete Aktivität unternommen oder als eine Methode gebraucht werden, um Erleuchtung zu erlangen. Selbst das Arrangieren von Blumen ist eine heilige Kunstform. Die Sorgfalt, die man einer Handlung widmet, offenbart sich in ihrem Ergebnis.

Zen-Kalligraphie

Andere Formen der Zen-Kunst, wie Kalligraphie, verbinden Achtsamkeit mit Spontaneität. Der Zen-Meister sitzt in achtsamer Meditation vor einem Papier, einem Pinsel und Tinte. Plötzlich, mit einer geschwinden Bewegung, zeichnet er eine Silbe. Silben haben eine symbolische Bedeutung, wie der chinesische Schriftzug Mu, der „nein" heißt und ein Koan ist. Der Meister verwirft alle Silben, die konfus sind, und wiederholt die gesamte Übung, bis Harmonie erreicht ist.

Schließlich erkennen wir am folgenden Gedicht, wie das Bogenschießen im Zen daraus eine Handlung der Achtsamkeit macht.

Unten:
Konzentration auf die Aktion befähigt uns, sowohl achtsam wie spontan zu sein. Zen-Bogenschützen sind sich dessen bewusst, auch der Abwesenheit dessen, bei jedem Mal, wenn sie schießen.

Rechts:
Wenn Zen-Kalligraphen schreiben, vervollkommnen sie ebenfalls einen meditativen Zustand, in dem jeder Strich sorgsam bedacht und ausgeführt werden muss, damit keine Fehler gemacht werden.

Das Verlangen zu gewinnen

Wenn ein Bogenschütze um keines Preises willen schießt, hat er alle seine Fertigkeiten.

Falls er um einer Messing-Gürtelschnalle halber schießt, ist er schon nervös.

Falls er um eines Goldpreises willen schießt, wird er blind oder sieht zwei Ziele – er ist ganz außer sich!

Seine Fertigkeiten haben sich nicht verändert, aber der Preis hat ihn geteilt. Er macht sich Gedanken.

Er denkt mehr daran zu gewinnen, als zu schießen. Und das Verlangen, zu gewinnen, verzehrt seine Kraft.

Chuang Tzu

Oben:
Amida Buddha, der Buddha des grenzenlosen Lichts, ist eine der Hauptübungen des Reines-Land-Buddhismus. Praktizierende wiederholen Amidas Mantra so oft wie möglich.

Unten:
Eine japanische Statue des Bodhisattva Kannon, der im indischen Mahayana-Buddhismus als Avalokiteshvara bekannt ist.

“Ich sage euch, dass in Wahrheit in diesem unauslotbaren Körper, mit seinen Gedanken und Wahrnehmungen, die Welt liegt und das Entstehen der Welt und das Vergehen der Welt, und auch der Weg, der zur Auslöschung von Erstehen und Vergehen führt.” SHAKYAMUNI BUDDHA

Zen-Atemmeditation

Dies ist eine gute Meditation, um das Gemüt zu konzentrieren und die Gedanken zu beruhigen. Man kann sie für sich allein üben oder als eine Vorbereitung entweder für Zazen oder Koan-Meditation. Bei allen Zen-Meditationen wird die Haltung als sehr wichtig angesehen, so solltest du dich am Beginn an die korrekte Weise erinnern, in der du angenehm sitzen kannst.

1. Sitze in der korrekten Haltung. Lass dich bequem nieder, und entschließe dich, dich während der Dauer der Meditation nicht zu bewegen, außer, wenn es wirklich notwendig ist.
2. Atme zwei oder drei Male tief ein, und erlaube dem Atem dann, seinen natürlichen Rhythmus und seine Geschwindigkeit zu finden.
3. Beginne, die Atemzüge zu zählen; jede Ein- und Ausatmung zählen als eins.
4. Bleibe achtsam während des gesamten Atemvorgangs, nicht nur am Ende, wenn du zählst.
5. Wenn dein Gemüt abschweift, beginne erneut mit dem Zählen und zähle den nächsten vollständigen Atemzug als eins.
6. Traditionell streben wir an, bis zehn zu zählen, um dann wieder neu zu beginnen. In der Praxis ist es aber sehr selten, dass wir weiter als bis fünf kommen, ohne dass das Gemüt umherwandert. Achte darauf, dich nicht selbst zu belügen; dafür gäbe es einfach keinen Grund, da es sich um eine Methode handelt, das Gemüt zur Ruhe zu bringen, und nicht um einen Wettbewerb.
7. Oft taucht Frustration auf. Es scheint sich um eine sehr schlichte Meditation zu handeln, aber in der Praxis ist sie sehr schwierig. Falls du dich frustriert fühlst, betrachte das einfach als einen weiteren Gedanken; lass ihn weiterziehen, ohne ihn zu unterdrücken, und beginne wieder mit eins zu zählen.
8. Unser Gemüt neigt dazu, am Anfang ganz aufgeregt zu sein, aber vertraue darauf, dass die Gedanken allmählich nachlassen, und lass auch die Niedergeschlagenheit los, falls sie auftaucht. Solche Zustände sind einfach Teil der Natur des Gemüts, wenn wir in Meditation sitzen.
9. Falls du bis zehn kommst, prüfe, ob du wirklich die ganze Zeit über achtsam bist. Dann beginne wieder bei eins.

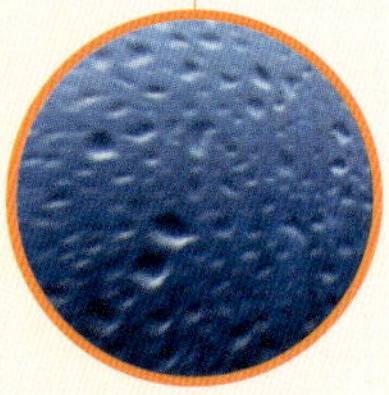

Rechts:
Die Haltung ist für die Zen-Meditation sehr wichtig.

Zazen-Meditation

Oben:
Diese Mönche erinnern sich vielleicht durch ihre Praxis daran, dass es nichts zu erreichen, sondern nur die Notwendigkeit gibt, „aufzuwachen", um ihre wahre Buddha-Natur zu erfahren.

Dogen sagte, dass bereits einfach zu sitzen bedeutet, ein Buddha zu sein, und auf diese Weise beseitigte er die Dualität zwischen Übung und Verwirklichung: Sie sind ein und dasselbe. Zen ist berüchtigt dafür, rätselhaft zu sein, und doch: Wenn Menschen plötzlich erwachen, lachen sie häufig laut auf, weil die Erleuchtung bereits da ist und geradewegs ins Gesicht starrt.

Taisen Deshimaru sagte einmal: „Zen ist kein besonderer Zustand, sondern der Normalzustand: still, friedvoll, unaufgeregt. Im Zazen gibt es weder Absicht, noch Analyse, besondere Anstrengung oder Vorstellung. Es reicht, einfach ohne Heuchelei, Dogmatismus und Arroganz zu sein – und alle Gegensätze zu vereinen."

"Sitze stabil in der Meditation, und denke Nicht-Denken. Wie denkst du Nicht-Denken? Durch Nichtdenken. Das ist die Kunst des Zazen." DOGEN

Unten:
Buddhistische zeremonielle Praktiken sind nicht auf die Ausführung in Tempeln beschränkt. Hier befinden sich Mönche in einer religiösen Prozession unter freiem Himmel.

Zazen-Meditation

1 Sitze achtsam in der korrekten Haltung und mit dem Entschluss, dich vor dem Ende deiner Sitzung nicht zu bewegen.

2 Vielleicht möchtest du mit dem Gesicht zur Wand sitzen, wie es für das Soto-Shikan-Taza (intensive Sitzpraxis) traditionell ist, oder einfach an deinem üblichen Platz.

3 Zazen ist eine Bewusstheits-Praxis, werde dir also einfach deiner Gedanken bewusst und wie sie auftauchen und vergehen.

4 Sei deines Körpers bewusst und was er spürt, aber lass dich davon nicht ablenken. Wenn du Schmerz bemerkst, versuche, ihn einfach zuzulassen. Er kann sich ganz von selbst auflösen.

5 Versuche nicht, Gedanken zu kontrollieren oder zu unterdrücken, sei aber wachsam, dass du nicht von attraktiven Gedanken gefangen genommen wirst.

6 Versuche das, was auftaucht, nicht als gut oder schlecht oder neutral zu beurteilen; bleibe einfach all dessen bewusst, wenn es auftaucht und vergeht.

7 Wenn du zwischen Gedanken kurze Lücken bemerkst, ist das reines Bewusstsein, aber sobald du das denkst, verlierst du es. Versuche, wach zu sein, ohne zu denken.

8 Hui Neng sagte, dass voll gegenwärtig zu sein bedeutet, den Geist nirgendwo ruhen zu lassen; sobald er sich irgendwo niederlässt, steigen Gedanken auf.

9 Sei dessen bewusst, dass der Geist wie ein Spiegel ist: Er spiegelt Gedanken, ist aber nicht die Gedanken.

10 Wenn du deine Meditation beendest, versuche, deine Wachheit beizubehalten, wenn du dich in andere Aktivitäten begibst.

Links:
Es ist einfach, Achtsamkeits-Meditation bei sich Zuhause zu üben.

Koan-Meditation

„Im Zen benutzen Praktizierende Koans als Meditationsobjekte, bis ihr Geist zum Erwachen gelangt. Es gibt einen großen Unterschied zwischen einem Koan und einem mathematischen Problem. Seine Lösung ist in ihm selbst enthalten, während die Antwort auf das Koan an im Leben des Praktizierenden liegt."

THICH NHAT HANH

Koans sind paradoxe Rätsel, für die es keine Antworten gibt, die man sich vorstellen oder die man konzeptionell entwerfen kann, obschon sie eine höchste Bedeutung in sich tragen. Traditionell praktizieren Zen-Schüler intensives Fragen, dem sich ein Gespräch (das *Sanzen* heißt) mit ihrem Zen-Meister (in Japan *Roshi* genannt) anschließt. Der Schüler muss eine Antwort auf das Koan geben, die jedoch die ultimative Frage nach seiner eigenen Natur spiegelt und nicht versucht, dem paradoxen Koan mit einem „Sinn" beizukommen.

Oben:
Ein Koan (oder paradoxes Rätsel) jener Art, das in traditionellen Zen-Lehren verwendet wird – eine Frage ohne konventionelle Antwort oder Lösung.

Links:
Das Lächeln dieser Frau aus dem Westen zeigt vielleicht an, dass sie eine Antwort auf ihr persönliches Koan durch diese Kinder in Mustang, Nepal, gefunden hat.

Koan-Meditation

1 Sitze in der korrekten Haltung, und beruhige das Gemüt fünf Minuten lang, indem du den Atem beobachtest oder zählst. Erinnere dich daran, dass das nicht der wahre Zweck von Meditation ist; es reicht nicht aus, ein ruhiges Gemüt zu haben, obwohl das positiv und nützlich ist.

2 Wir versuchen zu unserer wahren Natur zu erwachen, indem wir eine Frage stellen, die durch den Kern unseres Seins schwingt: „Was ist das?"

3 Suche nicht nach einer intellektuellen Antwort. Fahre fort, die Frage schweigend zu wiederholen, wieder und wieder.

4 Denke darüber nach, dass wir, obwohl wir fragen können „Wer ist das?", bei „Was" bleiben, weil wir unsere übliche Identifizierung abschütteln und das Geheimnis zu entdecken versuchen, was wir darunter sind.

5 Spekuliere nicht intellektuell, bleibe bei der Frage und wiederhole sie.

6 Sei dessen bewusst, dass Irritation aufsteigen wird. „Es ist mir egal, was das ist!" – aber fahre fort, „Was ist das?", zu fragen, und die Irritation wird verschwinden.

7 Falls ein Gespür für das Mysterium des Lebens aufsteigt, verweile darin, bis das Gemüt abzuschweifen beginnt. Dann kehre zur Frage zurück.

8 Jetzt, in diesem Augenblick, gibt es nur eines: „Was ist das?"

9 Wenn du deine Meditation beendest, behalte die Frage bei dir, während du weiter durch dein Leben gehst.

Rechts:
Wenn man die Koan-Meditation praktiziert, führen Spekulation und die Suche nach einer konventionellen Antwort in die Irre.

KAPITEL 6

TIBETISCHER BUDDHISMUS

„Es gibt viele verschiedene Philosophien, aber von grundlegender Bedeutung sind Mitgefühl, Liebe für andere, Beachtung der Leiden anderer und die Verringerung von Eigensucht. Ich spüre, dass mitfühlendes Denken das Kostbarste ist. Es ist etwas, was nur wir menschlichen Wesen entwickeln können. Und wenn wir ein gutes Herz haben, ein warmes Herz, warme Gefühle, werden wir selbst glücklich und zufrieden sein, und unsere Freunde werden auch eine freundschaftliche und friedliche Atmosphäre erleben. Das kann man von Volk zu Volk erfahren, von Land zu Land, von Kontinent zu Kontinent."

DER DALAI LAMA

Tibetischer Buddhismus

Die chinesische kommunistische Invasion von Tibet 1950 stellte für dieses entlegene religiöse Land ein tragisches Ereignis dar, weil die Kommunisten glaubten, dass Religion „Opium für die Massen" sei, und deshalb den tibetischen Buddhismus unterdrückten. Das verschlimmerte sich mit der Kulturrevolution (1966-76), und viele Tibeter flohen ins Exil nach Indien, wo sie ihre Klöster wieder erbauten und so den tibetischen Buddhismus der ganzen Welt zugänglich machten.

Oben:
Ein Felsenbild am Chagpori-Hügel. Tibeter betrachten das Anbringen von Gebeten und heiligen Objekten in ihrer Umwelt als einen Akt der Hingabe und Anrufung örtlicher Gottheiten und Geister.

Unten links:
Eine Meditationsübung der tibetischen Buddhisten besteht darin, aus gefärbtem Sand ein Mandala zu fertigen und es auf zeremonielle Weise wieder aufzulösen.

Die vier Hauptschulen des tibetischen Buddhismus bauen auf der Mahayana-Philosophie auf. Die älteste ist die Nyingma-Schule, die bis zum sechsten Jahrhundert zurückverfolgt werden kann. Anhänger der Nyingma-Tradition verehren ganz besonders Padmasambhava, den tantrischen Meister, dem die Einführung des Buddhismus in Tibet zugute geschrieben wird.

Nyingma

Nyingma-Lamas (oder -Lehrer) sind manchmal verheiratet, legen weniger Betonung auf klösterliche Gebräuche und neigen in gewisser Weise der Magie der ursprünglichen tibetischen Bön-Religion zu. Dzogchen – was große Vollkommenheit bedeutet – ist eine spezielle Lehre der Nyingma-Schule. Ein besonderes Merkmal ist die *Terma*-Tradition. Das sind „verborgene Schätze", Lehren großer Meister, die geheim sind und erst dann entdeckt werden, wenn man ihre Weisheit am besten verstehen kann.

Sakya

Die Sakya-Schule ist nicht so bekannt wie die anderen Traditionen, obwohl sie im zwölften und dreizehnten Jahrhundert einflussreich war. Der Name Sakya stammt von ihrem wichtigsten Kloster im Süden Tibets. Die Nachfolge der Oberhäupter der Sakya-Schule ist erblich, geht allerdings vom Onkel auf den Neffen über. Das ist für den tibetischen Buddhismus ungewöhnlich, der sich üblicherweise für Reinkarnation entscheidet, wie bei den jeweiligen Dalai Lamas. Das gegenwärtige Oberhaupt ist der einundvierzigste Sakya Trizin.

Kagyu

Die Bedeutung von *Kagyu* ist „übermittelter Befehl". Diese Schule entwickelte sich im elften Jahrhundert; der Yogi Tilopa wird als ihr erster großer Meister betrachtet. Die Kagyus neigen wie die Nyingmas dem Mystizismus und der Magie zu. Der bekannteste tibetische Heilige ist Milarepa, der Schwarzmagier war, bevor er auf die buddhistischen Kagyu-Lehren stieß. Das erste tibetische Zentrum in Europa war *Samye Ling* in Schottland, das von zwei Kagyu-Lamas gegründet wurde, von Chogyam Trungpa und Akong Rinpoche.

Gelugpa

Die Gelugpa-Schule war die letzte der Schulen, die in Tibet entstanden. Sie stellte eine Reformbewegung dar, die im vierzehnten Jahrhundert vom brillanten und frommen Je Tsongkhapa ausging. *Gelug* bedeutet tugendhaft, und Je Tsongkhapa legte auf Reinheit und klösterliches Leben besonderen Wert. Er hatte alle drei anderen Schulen studiert und strebte eine Synthese der tibetischen buddhistischen Lehren an. Die Lehrer sind fast ausschließlich Mönche, die ein ungefähr achtzehn Jahre dauerndes Studien- und Exerzitien-Programm absolviert haben, das zum Grad eines Geshe führt. Ein neuerer Ableger dieser Tradition ist die Neue Kadampa-Schule.

> *„Ihre Abgeschiedenheit auf dem Dach der Welt versetzte die Tibeter in die Lage, Mahayana- und tantrischen Buddhismus ein Jahrtausend lang zu bewahren und eine reiche spirituelle Kultur zu schaffen."*
>
> JOHN SNELLING

Unten:
Eine zeremonielle Prozession tibetischer Mönche, eine Sitte aus der Zeit des alten Tibet, als Gebete überall zu hören waren. Noch heute rezitieren Tibeter Mantras still vor sich hin.

Wie tibetischer Buddhismus praktiziert wird

Oben:
Tibetische Mönche werden oft in jungem Alter geweiht und können sich neben ihren klösterlichen Studien an Spielen erfreuen.

„Gelehrsamkeit und philosophische Strenge in klösterlicher Umgebung sowie ein transformatives und engagiertes Leben in der Welt bildeten die Zwillingsideale der frühen buddhistischen Gemeinschaft in Tibet."

STEPHEN BATCHELOR

Derzeit erlauben die Chinesen, dass in den wieder aufgebauten Klöstern in Tibet Buddhismus ausgeübt wird, aber eine ernsthafte Praxis wird untergraben. Deshalb versuchen tibetische Flüchtlinge, ihr spirituelles Erbe in einer anderen Welt zu bewahren, hauptsächlich in Indien. Große Klöster fungieren als Studien- und Meditationszentren, und zur Meditation Entschlossene ziehen sich immer noch in Höhlen oder an entlegene Orte zurück. Viele tibetische Laien sind fromm, wiederholen Mantras, wenn sie zur Arbeit gehen oder ihren alltäglichen Geschäften nachgehen. Sie besuchen täglich den nächsten Tempel, um das Rad der Gebetsmühle zu drehen, sie umrunden den Tempel und werfen sich vor Inbildern des Buddha oder Heiliger nieder, die man *Bodhisattvas* nennt. Praktisch jeder Tibeter ist Anhänger des Dalai Lama, des spirituellen und weltlichen Führers.

Der tibetische Buddhismus gehört zum Mahayana-Buddhismus und wird damit vom Bodhisattva-Ideal inspiriert, alle Wesen von Leiden und Unwissen zu befreien. Allgemein wir das Prinzip praktiziert, dass der Übende Anleitung von einem Lama erhalten sollte. Ein Lama ist Lehrer oder Guru und spiritueller Freund. Sich dem Lama zu ergeben nennt man „Hingabe an den Guru".

Indem sie im Verhalten des Lamas Buddhanatur sehen, werden Schüler dazu angeregt, die eigene Buddhanatur zu kultivieren.

Sutra und Tantra

Es gibt zwei Hauptebenen des tibetischen Buddhismus, Sutra und Tantra. Praktizierende beginnen mit dem Studium des Kanons der Sutras, üben das Gemüt zu beruhigen und praktizieren Einsichts- und Visualisations-Meditationen. Studierende lernen den Stufenpfad zur Erleuch-tung (in tibetisch *Lam Rim*), der mit der Entwicklung positiver Gemütszustände beginnt, wie Moral usw. zu praktizieren, bis zur Erleuchtung.

Im Tantra begegnen wir den mystischen und rituellen Aspekten des tibetischen Buddhismus. Tantra beinhaltet, Symbole des Kosmos zu benutzen, die man Mandalas nennt, rituelle Gegenstände mit Glocken und Trommeln sowie

Oben:
Ein Bettelmönch in Lhasa, Tibet. Viele buddhistische Mönche leben von der Großzügigkeit anderer; im Gegenzug bieten sie ihre Gebete, Segenswünsche, rituellen Handlungen und manchmal beträchtliches Wissen an.

Links:
Zunehmend werden im Westen Zentren des tibetischen Buddhismus gegründet, wie das Samye-Ling-Kloster hier in Schottland, weil immer mehr Menschen bei östlichen Religionen Antworten auf wichtige Probleme suchen, die von Technologie, Wissenschaft und ihren eigenen Religionen nicht gelöst worden sind.

spezielle Handhaltungen, die *Mudras* heißen. Man wiederholt Mantras und übt eine besondere Form der Gottheits-Praktik, in welcher sich der Praktizierende selbst als eine bestimmte Gottheit visualisiert, während er oder sie heilige Schriften rezitiert, die man Sadhanas nennt.

Menschen aus dem Westen werden oft von den esoterischen Aspekten des Tantra angezogen. Es ist kein Pfad für Anfänger auf dem Weg zum Buddhismus.

Das buddhistische Jamyang-Center für Sommer-Retreats

„1983 wurde im Bezirk Finsbury Park in London ein städtisches Gelugpa-Zentrum gegründet… Da das Zentrum wuchs, wurden größere Gebäude nötig, und Jamyang ist heute im alten Gerichtsgebäude in Kennington in Süd-London untergebracht." JOHN SNELLING

Oben:
Lama Geshe Tashi. Dieser tibetische Lama am Jamyang-Zentrum in Kennington, London, lehrt in der Gelugpa-Tradition des tibetischen Buddhismus und leitet die Sommer-Retreats.

Das Jamgyan-Zentrum ist weit entfernt von den Meditationshöhlen in Tibet. Und doch bietet es einen Hafen der Ruhe mitten in der Großstadt; neben Kursen über Buddhismus gibt es ein achttägiges Sommer-Retreat.

Das Retreat geht täglich von 8 Uhr in der Frühe bis 7 Uhr am Abend. Interessenten können am ganzen Retreat teilnehmen – oder nur an inem einzigen Tag. Der Tagesablauf enthält achtundeinviertel Stunden Übungen und beginnt mit Motivation – zu erwachen – und der Annahme der acht Grundlagen des Mahayana-Buddhismus:

1. Nicht töten
2. Nicht stehlen
3. Sexuell enthaltsam sein
4. Nicht lügen
5. Keine berauschenden Substanzen nehmen
6. Nur eine Mahlzeit in 24 Stunden essen
7. Nicht auf einem hohen Sitz sitzen oder stolz sein
8. Keinen Schmuck tragen

Eine halbe Stunde Achtsamkeit und Meditation heiterer Gelassenheit folgt dann, später gibt es erneut eine solche Meditationsübung. Nach einer Teepause fangen die Hauptkurse an, die zwei Stunden dauern. Lam Rim (oder der Stufenpfad zur Erleuchtung) berührt Themen, wie über unsere kostbare Geburt zu meditieren. Eine weitere Stunde der Lam-Rim-Meditation folgt am Nachmittag.

Vajrasattva

Es gibt eine einstündige Vajrasattva-Praxis. Vajrasattva ist der Bodhisattva der Reinigung, und diese Übung hilft uns, uns von Unreinheiten und

emotionalen Behinderungen zu lösen. Vajrasattva ist weiß und hält seine Hände am Herzen gekreuzt – die rechte hält ein Vajra (ein Diamant-Szepter), Symbol großer Glückseligkeit, und die linke eine Glocke, Symbol der Weisheit, die die Leere versteht. In der Meditation visualisiert man Vajrasattva über dem Kopf, während weißes Licht aus dem Herzen auf die Krone des Kopfes fließt und man sein Mantra wiederholt. Es gibt auch ein Kurz-Mantra: „Om Vajrasattva Hum."

Schließlich gibt es Langes-Leben-Gebete, in denen wir darum bitten, dass unsere Lehrer lange Leben haben mögen, sowie Preisungen der Einundzwanzig Taras. Tara, die Befreierin, ist ein weiblicher Bodhisattva und hat einundzwanzig Gestalten, die alle helfen, Erleuchtung zu erlangen. Die beiden häufigsten Gestalten sind die Weiße Tara, Symbol für langes Leben, und die Grüne Tara, die allen Wesen zur Hilfe eilt. Sowohl die Weiße wie die Grüne Tara sollen aus den Tränen von Chenrezig geboren worden sein. Alle Verdienste, die aus diesen Meditationen entstanden sein mögen, werden allen Wesen gewidmet.

Oben:
Tibetische Buddhisten führen häufig Zeremonien durch, die man „pujas" nennt, bei denen Wasser, Blüten und Früchte dargebracht werden.

Unten:
Ein Schrein im Jamyang-Zentrum. Dieser Altar vermittelt etwas von der spirituellen Atmosphäre im Zentrum.

Das tibetische Kagyu Samye Ling-Center

“Samye Ling ist weder nur ein Kloster, noch ein spirituelles Fließband, noch eine kulturelle Ausstellung, sondern ein ganz besonderer Ort, an dem Einiges der Schätze und des Wissens eines der außergewöhnlichsten Völker der Welt bewahrt wird, der Tibeter.”

SAMYE LING-INFORMATIONSBLATT

Im Jahre 1967 gegründet, war Samye Ling das erste tibetische Zentrum, das in England errichtet wurde. Es gibt ein Programm mit Kursen in buddhistischer Meditation und Philosophie, und der Tagesablauf für Klosterangehörige und Gäste schließt mehrere Gebetszeiten ein, religiöse Zeremonien und stille Meditation. Diese Zeiten spiritueller Praxis bringen die Gemeinschaft zusammen, die sonst im ganzen Zentrum unterschiedlich tätig ist.

Neben buddhistischen Studien gibt es Wochenendkurse, zum Beispiel für T'ai Chi, Yoga, Aromatherapie, Kräuterheilkunde, Shiatsu, Handschriftanalyse, Kunsttherapie und andere Therapien, von Experten geleitet, die Erfahrung in Meditation besitzen.

Der Rokpa-Trust ist ein Beispiel für aktives Mitgefühl: Ein wohltätiger Verein, der humanitäre Hilfe sowohl im Vereinigten Königreich wie außerhalb erbringt. Zu seinen Aktivitäten zählen regelmäßige „Suppen- und Sandwich-Runden" für Obdachlose in vielen Städten, die Sammlung von Kleidung und medizinische und schulische Hilfen für bedürftige Menschen in der ganzen Welt.

Unten:
Die Heilige Insel in Schottland wird unter der Leitung der tibetischen Kagyu-Lamas Yeshe und Akong zu neuem Leben erweckt – was die Träume vieler westlicher buddhistischer Mönche, Nonnen und Laien wahr werden lässt.

Oben:
Organische Feldfrüchte, Bäume, Kräutergärten und Blumen werden angepflanzt; gleichzeitig bauen Mönche, Nonnen und Laien auf der Heiligen Insel Zentren auf, die als Retreats dienen sowie für „Frieden und Versöhnung".

wieder zurück. Das lässt uns erkennen, wie wir Lebensgeschichten schaffen.

Das Tara-College der tibetischen Medizin wurde 1993 gegründet; es dient dazu, diesen einzigartigen und wertvollen Aspekt der tibetischen Kultur zu bewahren. Das Tara-College bietet Vierjahres-Grundkurse über die Grundlagen und die Philosophie der tibetischen Medizin und einen ganzheitlichen Blick für Gesundheit und Leiden, der auf der buddhistischen Spiritualität beruht.

Kurz- und Langzeitgäste sind willkommen, die Unterbringung muss jedoch im Voraus gebucht werden. Jeder wird angehalten, die fünf Grundlagen einzuhalten: nicht zu töten, nicht zu stehlen, nicht zu lügen, sich berauschender Substanzen und ungebührlicher sexueller Handlungen zu enthalten.

Die Heilige Insel

Das ehrgeizigste Projekt von Samye Ling ist das Heilige Insel-Projekt. Die Heilige Insel liegt vor der Westküste Schottlands und wurde 1991 mit dem Geld einer Sammelkampagne gekauft. Die Heilige Insel (auch als *Innis Shroin* oder „Insel der Wassergeister" bekannt") war ein Pilgerort, seit der christliche Heilige Molaise im sechsten Jahrhundert hier lebte. Derzeit wird ein Zentrum für Frieden und Versöhnung gebaut, neben einem Retreat für buddhistische und nicht-buddhistische Meditierende.

Akong Rinpoche, Mitgründer von Samye Ling und sein spiritueller Direktor seit 1970, hat hier buddhistische Psychotherapie entwickelt. Tara-Rokpa-Therapie basiert auf buddhistischer Philosophie, Psychologie und Meditation, verbunden mit der westlichen Psychotherapie. Es gibt eine vierjährige Ausbildung, und ihre Kurskomponenten wie „Lernen, sich zu entspannen" und „Zurück zu den Anfängen" dienen auch der eigenen Therapie. Ein Hauptteil der Ausbildung besteht darin, eine Autobiographie von der Gegenwart bis zur vorgeburtlichen Existenz zu schreiben, dann von dort bis zur Gegenwart und dann

Oben:
Es werden Kräutergärten, Sonnen- und Windkraft und tibetische Medizintechniken entwickelt, um das Ziel zu erreichen, als Inselgemeinschaft autark zu werden. Daneben entstehen Gebäude für Retreats und Meditation für jene, die an buddhistischer Meditation interessiert sind.

Der Dalai Lama

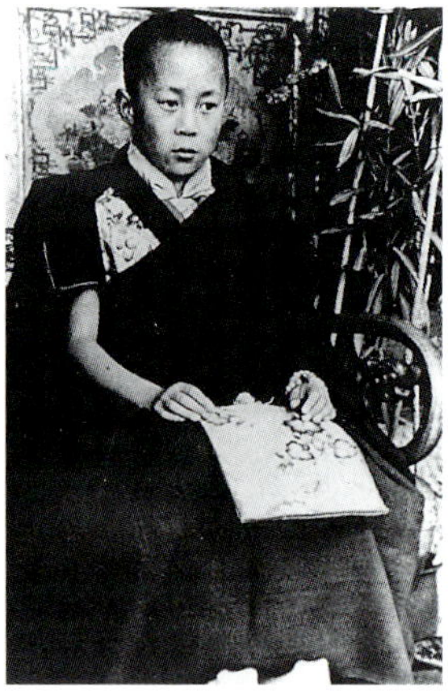

Links:
Dieses Photo zeigt den Mönch, der Tenzin Gyatso hieß, was „Meer der Weisheit" bedeutet, als er zehn Jahre alt war, bevor die Chinesen Tibet besetzten. Das Bild zeigt einen ernsten und lernwilligen jungen Dalai Lama.

Rechts:
Der Dalai Lama reist überall hin, um der ganzen Welt die Lehren des Friedens zu bringen. Hinter ihm sieht man eine Thangka einer tantrischen Gottheit, die Kalachakra heißt, was wörtlich ‚Rad der Zeit' bedeutet.

Der Dalai Lama wurde 1935 geboren, im Dorf Takster im Nordosten von Tibet. Lhamo Thondup, das fünfte Kind einer Bauernfamilie, schien ein normaler Junge zu sein. Als er fast drei Jahre alt war, kam eine Gruppe von Menschen, die nach der Inkarnation des vierzehnten Dalai Lama suchten, zum Haus seiner Familie. Entsprechend tibetischer Sitte wurde ihnen Tee, Essen und ein Nachtlager angeboten. Der kleine Junge interessierte sich für ein Mitglied der Suchtruppe und schien dessen Gebetskette zu erkennen und behauptete, sie sei seine. Tatsächlich hatte sie dem dreizehnten Dalai Lama gehört. Die Gruppe kehrte einige Wochen später mit anderen Dingen zurück, die dem früheren Dalai Lama gehört hatten, die Lhamo Thondup ganz leicht aus der Mitte anderer Objekte heraussuchte. Der Suchtrupp erkannte, dass sie tatsächlich den vierzehnten Dalai Lama gefunden hatten.

Er wurde nach Lhasa gebracht, zum Mönch geweiht und entsprechend seiner neuen Rolle ausgebildet. Er erhielt den Namen Tenzin Gyatso und wurde förmlich als spirituelles und politisches Oberhaupt Tibets inthronisiert. Das Leben ging ohne große Ereignisse so weiter, bis er fünfzehn war, als die Chinesen in Tibet einmarschierten. Die nächsten zehn Jahre versuchte er , mit den chinesischen Machthabern zusammenzuarbeiten, aber ihre Zerstörung des Buddhismus und Unterdrückung des tibetischen Volkes führten dazu, dass der Dalai Lama nach Indien fliehen musste.

Leben im Exil

Heute leben der Dalai Lama und viele Tibeter immer noch im Exil in Indien, in Dharamsala in den Vorbergen des Himalayas. Der Dalai Lama ist immer noch ein einfacher buddhistischer Mönch, der von seinem Volk geehrt und geliebt wird, aber als Sprecher für den Frieden und den interreligiösen Dialog und internationaler Botschafter für das Schicksal der Tibeter ist er weltberühmt geworden.

1989 wurde ihm der Friedensnobelpreis zuerkannt für sein mutiges Eintreten für ein Ende der chinesischen Besetzung Tibets ohne Anwendung von Gewalt.

Links:
Tausende hatten sich im März 1999 vor der chinesischen Botschaft in London versammelt, um der fünfzigsten Wiederkehr des tibetischen Aufstands gegen die chinesische Besetzung zu gedenken, nach der der Dalai Lama nach Indien fliehen musste, um sein Leben zu retten. Tibets zweiter spiritueller Führer, der Panchen Lama, starb unter mysteriösen Umständen in einem chinesischen Gefängnis. Jetzt wird seine offizielle Reinkarnation vermisst – von den Chinesen entführt –, die stattdessen ein anderes Kind auswählten, um seinen Platz einzunehmen.

“Der Dalai Lama, 1989 Träger des Friedensnobelpreises, wird überall als einer der großen spirituellen Freunde unseres Jahrhunderts geschätzt.”

RICHARD GERE

Eine persönliche Sicht des tibetischen Buddhismus von Andrew Haynes

Oben:
Andrew Haynes mit einem seiner Lehrer, dem tibetischen Mönch Geshe Jampa Gyatso, der an einer teilweise klösterlichen Gemeinschaft in Italien gelehrt hatte, wo Haynes einige Jahre als Direktor arbeitete. Dort begegnete er auch seiner Frau, mit der er nach London zog.

Ich bin in der Karibik und in Großbritannien aufgewachsen, mit vielen verschiedenen Kulturen und Religionen. 1979 kam ich als Student nach London. Ich begegnete allen möglichen politischen Ideen und empfand das Leben als aufregend, jedoch hektisch. Die Kultur war materialistisch eingestellt, und selbst jene, die sich dagegen auflehnten, besaßen für ihre Handlungen nur eine geringe ethische Grundlage. Ich suchte nach spiritueller Führung und begann, täglich zu meditieren; bald bemerkte ich, dass das in meinem Leben am wichtigsten war. Mein erstes Retreat dauerte zehn Tage, und ich erfuhr einen Teil meines Wesens, zu dem ich früher niemals Zugang gehabt hatte. Ich wurde ein Buddhist, obwohl ich nur geringes Wissen über die buddhistische Philosophie besaß.

Nach der Universität entschied ich, mein Leben dem Buddhismus zu weihen, aber ich erkannte bald, dass ich mich über die Gruppe, die mich in den Buddhismus eingeführt hatte, hinaus entwickeln musste. Da traf ich Serkong Rinpoche, einen tibetischen Lama, der in Tibet ausgebildet worden war. Er war ein Junglehrer des Dalai Lama, aber nach der chinesischen Invasion floh er ins Exil. Ich wusste, dass ich unmittelbaren Kontakt mit einer alten, reinen und lebendigen spirituellen Tradition aufgenommen hatte.

1982 sah ich eine Photographie von Lama Thubten Yeshe und entschloss mich sofort, ihn in Italien zu treffen. Seine Energie und sein Enthusiasmus waren ansteckend, und jeder der Anwesenden wusste, dass wir eine seltene und kostbare Gelegenheit erlebten. Die Italiener hatten einen eher emotionalen Zugang zum Buddhismus, was mich ansprach. Ich war ziemlich intellektuell, hatte aber die emotionalen Grenzen eines jungen Mannes in England in den frühen 80er-Jahren gespürt. Der tibetische Buddhismus erwies sich als umfassend genug, um meine intellektuellen, emotionalen und spirituellen Bedürfnisse zu stillen.

Im Herbst 1983 zog ich in ein buddhistisches Zentrum auf dem Lande in Italien, das sechs Jahre mein Zuhause wurde. Der Leiter, Geshe Jampa Gyatso, unterrichtete uns aus dem Lehrplan der tibetischen Klosteruniversitäten. Er war ein ordinierter Mönch, und es war sehr inspirierend, in einer teilweise klösterlichen Gemeinschaft zu leben.

Eine neue Aufgabe

1986 wurde ich Direktor des Zentrums, in dem etwa dreißig Menschen regelmäßig lebten und bis zu einhundertundfünfzig Gäste kamen. Das ließ meinen eigenen Bedürfnissen und Wünschen wenig Raum, und ich war gezwungen, mich um sie zu kümmern! Die Arbeit war sehr erfüllend, aber nach drei Jahren entschied ich mich, wegzugehen, solange ich diese Erfahrung noch positiv erlebte. 1987 traf ich meine künftige Frau, Teresa. Ich ging 1989 nach London zurück, und sie folgte mir 1991. Obwohl sich ihre spirituelle Praxis nicht auf eine einzige Religion bezieht, hat der Buddhismus einen enormen Beitrag für unsere Beziehung geleistet, den ich als höchst harmonisch empfinde. In London habe ich in der Kommunalverwaltung gearbeitet. Ich helfe auch bei der Leitung eines buddhistischen Zentrums. Der Buddhismus hat meinem Leben eine Richtung gegeben und mir so geholfen, ein glücklicherer und positiver Mensch zu werden.

Oben:
Lama Zong Rinpoche. *Lama* ist ein Ehrentitel, der tibetischen Mönchen gegeben wird und Lehrer bedeutet. Zong Rinpoche unterrichtete in Indien sowohl Tibeter wie Westler bis zu seinem Tod 1984.

Links:
Das Institut des Lama Tzongkhapa in Pomaia, Italien, an dem Menschen aus dem Westen tibetischer Buddhismus durch tibetische Lamas und Mönche vermittelt wird. Sie gehen davon aus, dass sich der Buddhismus verändert, sobald er im Westen etabliert ist. Da Veränderung aus ihrer Sicht als Buddhisten ein unvermeidlicher Teil des Lebens ist, widerstreben sie ihr nicht so sehr, wie es häufig religiöse Führer des Westens tun.

Tibetische Gebete

Oben:
Der Dalai Lama beim Studium eines traditionellen tibetisch-buddhistischen Textes. Gebete und Studium der Texte zusammen machen einen ausgewogenen Zugang zum Buddhismus aus.

“Gebet ist nicht die mechanische Wiederholung von Worten, sondern ein Öffnen des Herzens, um mit unserer wahren Natur zu kommunizieren. Die Worte dienen als Erinnerung daran, was wir zu erreichen suchen, und sie begründen sogar die Ursache, dass sich das, worum wir beten, in der Zukunft ereignet.”

KATHLEEN MCDONALD

Das Gebet der Zuflucht

Das Zufluchtsgebet kann am Anfang der Meditation drei Male wiederholt werden, nach Wunsch auf tibetisch oder deutsch:

Sang. gyay. cho.dang tsog.kyi chog. nam.la
Jang. chub bar. du dag.ni kyab. su.chi
Dag.gi jin.sog gyi.pay so.nam.gyi
Dro.la pen.chir sang.gyay drub.par.shog

Ich nehme Zuflucht, bis ich erleuchtet bin
in den Buddhas, dem Dharma und dem Sangha.
Durch das Verdienst, das ich schaffe,
und indem ich Geben praktiziere und andere
Vervollkommnungen,
möge ich Buddhaschaft um aller fühlenden
Wesen willen erlangen.

Das Gebet des Dalai Lama

Der Dalai Lama hat ein kurzes Lieblingsgebet, das ihm „große Inspiration und Entschlossenheit" gibt. Es kann jederzeit still wiederholt werden, um uns daran zu erinnern, warum wir Buddhismus praktizieren:

Solange der Raum besteht,
und solange lebende Wesen bestehen,
solange möge auch ich bestehen,
um das Leid der Welt aufzulösen.

Widmung von Verdienst und Bodhicitta

Die Widmung von Verdienst und das Bodhicitta-Gebet können auf tibetisch oder deutsch gesprochen werden, einmal am Ende der Meditation:

Ge.wa di.yi nyur.du.dag
La.ma sang-gyay drub.gyur.nay
Dro.wa chig.kyang ma.lu.pa
De.yi sa.la go.par.shog

Durch diese tugendhafte Handlung möge ich rasch den Zustand eines Guru-Buddhas erlangen und jedes lebende Wesen, ohne Ausnahme, in jene reine Welt führen.

Jang.chub sem.chog rin.po.che
Ma.kye pa.nam kye.gyur.chig
Kye.pa nyam.pa may.pa.yi
Gong.nay gong.du pel.war.shog

Möge das höchste Juwel des Bodhicitta, das sich noch nicht erhoben hat, sich erheben und wachsen, und möge das, was sich erhoben hat, sich nicht vermindern, sondern weiter und immer weiter wachsen.

Dromton Rinpoche

Eines Tages gab ein bedeutender Lama, Dromton Rinpoche, Unterweisungen an einem Ort nahe Lhasa, der Hauptstadt Tibets. Während einer Pause machte er einen Spaziergang im nahen Wald und sah einen Mann, der gewissenhaft eine Stupa, einen Schrein, umschritt, der Buddhas innere Qualitäten symbolisierte. Stupas oder andere buddhistische Schreine zu umkreisen gehört zu den traditionellen buddhistischen Übungen, um Verdienst zu erwerben.

Der Mann fragte Rinpoche, ob er den Schrein auf die richtige Weise umkreiste. Rinpoche lächelte und sagte: „Ich freue mich über deine Handlungsweise, aber ich wünschte, du würdest reines Dharma üben." Der Mann war ein bisschen erstaunt, dachte dann aber: „Vielleicht ist das doch nicht die beste Übung, also werde ich es lieber mit Niederwerfungen probieren."

Am nächsten Tag sah Rinpoche bei seinem Spaziergang, wie sich derselbe Mann vor einer Buddhastatue bei einem Tempel niederwarf. Der Mann freute sich, den großen Lehrer wiederzusehen, grüßte ihn ehrerbietig und fragte voller Sorge, ob er die Niederwerfung richtig ausgeführt habe. Rinpoche lächelte und antwortete: „Was du tust, ist sehr gut, aber es wäre besser, wenn du reines Dharma zu üben versuchtest."

Der Mann fühlte sich verwirrt und dachte wiederum, dass er die falsche Praktik ausführte. Er dachte nach: „Falls Niederwerfungen nicht die rechte Übung sind, vielleicht sollte ich beginnen, Mantras zu rezitieren?" Also setzte er sich im Tempel nieder und begann, ein bestimmtes Mantra zu wiederholen. Am nächsten Tag kam Rinpoche beim Tempel vorbei und hörte, wie der Mann aufrichtig das Mantra rezitierte. Als der Mann Rinpoche sah, dachte er, „dieses Mal stimmt es aber sicher", und sagte zu Dromton Rinpoche: „Jetzt praktiziere ich reines Dharma."

Rinpoche lächelte voller Mitgefühl den Mann an, faltete dann seine Hände und erwiderte: „Ich schätze wirklich sehr, dass du dieses Mantra wiederholst, aber reines Dharma hat mit der Motivation zu tun. Solange dein Gemüt noch vom Verlangen nach eigensüchtigem materiellem Gewinn und Ansehen beherrscht wird, kann keine Übung, welche du auch praktizieren magst, die Übung des reinen Dharma sein. Bitte versuche zuerst, das zu überwinden, indem du dir die Vergänglichkeit und den Tod bewusst machst. Wenn du erst die Erkenntnis des Todes und der Unbeständigkeit erlangt hast, dann werden alle deine Übungen reines Dharma sein."

Der Mann hörte achtsam auf die Belehrungen von Rinpoche und nahm sich seinen Rat zu Herzen. Er erkannte, dass seine Motivation noch nicht rein gewesen war, als er den Schrein umschritt, als er sich niederwarf und als er das Mantra wiederholte. Also begann er mit einpunktiger Konzentration über den Tod und die Vergänglichkeit zu meditieren und war bald in der Lage, viele hohe Erkenntnisse ohne zu große Anstrengungen zu erlangen.

Die rechte Motivation

Es geschieht nur allzu leicht, dass wir uns selbst in unserer buddhistischen Praktik irreführen, indem wir Dinge denken wie, „Falls ich mit dieser Übung viel gutes Karma erzeuge, dann könnte ich als Belohnung die Dinge erhalten, die ich mir wünsche". Die Geschichte zeigt, dass es nicht ausreicht, Verdienste anzusammeln, um Erleuchtung zu erlangen.

Solange wir uns nicht ständig die Tatsache des Todes und der Unbeständigkeit bewusst halten, können wir leicht durch das Verlangen versucht werden, dass die Menschen gut über uns denken. Das Gleiche gilt, wenn wir denken, dass zusätzlicher Gewinn uns mehr Zeit für das Praktizieren des Buddhismus erlauben wird. Beide Formen von Verlangen enthalten eine subtile eigensüchtige, unreine Motivation. Wenn wir jedoch zuerst über den Tod und die Unbeständigkeit meditieren, wird unsere Motivation rein werden. Mit dieser Bewusstheit können wir Unglücklichsein und Unzufriedenheit überwinden, die durch Verlangen und Verhaftung verursacht werden.

Unten:
Dromton Rinpoche war fähig, seinem Schüler beizubringen, dass wahres Dharma aus einer reinen Motivation entsteht. Die Bewusstheit über die Unbeständigkeit und den Tod hilft, die Motivation zu reinigen.

Meditation über die Klarheit des Geistes

Oben:
Eine tibetische Nonne studiert auf entspannte westliche Weise neben einem großen Hund – dem sie in ihrem Land aus dem Weg gegangen sein könnte!

„Meditation ist keine Sache, um Ekstase zu erreichen, spirituelle Beseligung oder gelassene Heiterkeit; noch versucht man damit, ein besserer Mensch zu werden. Es ist einfach die Schaffung eines Raums, in dem wir unsere neurotischen Spiele offen legen und auflösen, unsere Selbsttäuschungen, unsere versteckten Hoffnungen und Ängste."

CHOGYAM TRUNGPA

Links:
Eine nepalesische Statue des Vajrasattva hält in der rechten Hand ein Vajra, das Symbol für hoch entwickelte Fertigkeiten, und in der linken eine Glocke, Symbol für Weisheit. Die tantrische Praktik des Vajrasattva wird zur Reinigung benutzt.

Meditation über die Klarheit des Geistes

Indem wir über die Klarheit unseres Geistes (englisch: „mind", also eigentlich auch „Gemüt"!, A.d.Ü.) meditieren, können wir die klare und vergängliche Natur unserer Gedanken und Gefühle erfahren. So vermindern wir unsere Identifikation mit ihnen. Das ist besonders nützlich, wenn wir einen niedrigen Selbstwert besitzen – der von unseren Gedanken und Gefühlen über uns selbst abhängt –, da wir erleben, wie Gedanken und Gefühle auftauchen und wieder in anderen, neuen Gedanken und Gefühlen verschwinden.

1 Beginne einige Minuten lang mit einer einfachen Atemübung, um Gedanken loszulassen.

2 Wenn das Gemüt ruhig ist, richte deine Aufmerksamkeit auf dein Bewusstsein, deinen Geist oder dein Gemüt. Das ist, was immer du auch in diesem Augenblick erfährst. Ob deine Gedanken, Gefühle oder Sinneserfahrungen sorgenvoll oder glücklich sind, ihre Natur ist rein und klar wie der Raum. Es gibt keine Form, keine Gestalt, keine Farbe – nur Bewusstheit.

3 Das ist wahrscheinlich schwierig, wenn wir damit beginnen, da wir den Inhalt unserer Gedanken mit ihrer Natur verwechseln. Falls du das erlebst, kannst du folgende Visualisierung durchführen. Stelle dir vor, dass du auf dem Rücken auf einer ruhigen ländlichen Wiese liegst. Schaue zum Himmel hoch, und alles was du siehst, ist weiter, klarer Raum. Konzentriere dich auf diese offene Weite, und stelle dir vor, dass du damit eins wirst. Betrachte dies als die wahre Natur deines Gemüts und all dessen, was sich im Geist manifestiert. Wenn du von einem Gedanken oder Gefühl abgelenkt wirst, erinnere dich an deren reine, klare Natur und kehre in die offene Weite zurück.

4 Versuche nicht, darüber nachzudenken, was der Geist ist. Erlebe einfach seine reine Natur.

5 Widme am Ende deiner Meditation allen geschaffenen Verdienst dem Wohlergehen aller Wesen.

Rechts:
Um Klarheit des Geistes zu erfahren, kann es hilfreich sein, eine passende Visualisierung zu gebrauchen, um diesen Zustand zu erreichen.

Meditation über den Tod

Oben:
Kinder werden von Buddhisten mit Sorgfalt und Respekt behandelt; sie behandeln alle Wesen, als ob sie einstmals ihre Mutter gewesen wären. Die Reinkarnation als ein menschliches Wesen wird als besonders kostbar betrachtet.

Unten:
Ein tibetischer Mönch entzündet Butterlampen und meditiert dabei vielleicht über die Unbeständigkeit und den Tod.

"Obwohl ich heute gesund bin, wohl genährt und unverletzt, ist das Leben doch nur von Augenblick zu Augenblick und es täuscht: Der Körper ist wie ein Ding, das nur eine Minute lang ausgeliehen ist."

SHANTIDEVA

Meditation über den Tod

Über den Tod zu meditieren hilft uns zu erkennen, welche Haltungen und Handlungen wirklich kostbar sind. Der Schock, über den eigenen Tod nachzudenken, ist kurzlebig, da der Tod unausweichlich ist. Paradoxerweise fühlen wir uns dann nicht morbide, sondern lernen unser Leben wirklich zu schätzen. Die Meditation über den Tod ist ein gutes Mittel gegen Langeweile.

Traditionell hat die Meditation über den Tod neun Punkte, die in drei Abschnitte unterteilt werden:

Unvermeidlichkeit des Todes

1. Jeder wird sterben, auch du.
2. Die Zeit, die es braucht, damit du diesen Satz liest, führt dich näher an den Tod heran; das Leben fließt weiter und kann nicht aufgehalten werden.
3. Ermesse, wie du dein Leben verbringst und wie viel Zeit du für Aktivitäten wie Meditation einsetzt, die dir nützlich sind. Wie viel Zeit verbringst du mit Dingen, die dir sinnlos erscheinen werden, wenn du stirbst?

Unbestimmtheit des Zeitpunktes des Todes

4. Das Leben kann jeden Augenblick aufhören – vielleicht aufgrund eines Unfalls. Du kannst nicht wissen, wann du stribst, mach also das Beste aus jedem Augenblick.
5. Es gibt viele Ursachen für den Tod, von Gewalt bis Gift. Du weißt nicht, ob du das eine oder andere erfährst.
6. Unsere Körper sind zerbrechlich und neigen zu Krankheit; selbst wenn du dich jetzt gesund fühlst, mag das nicht so bleiben.

Wenn du stirbst, ist nur spirituelle Einsicht von Nutzen

7. Besitz kann nicht mitgenommen werden; also ist er von keinem Nutzen, wenn wir sterben.
8. Freunde und Familienangehörige können nichts tun, wenn wir sterben; der Tod wird immer nur allein erfahren.
9. Selbst auf unseren Körper können wir uns nicht verlassen; Körper werden nutzlos, wenn wir sterben.

Rechts:
Werde nicht trübsinnig, wenn du an den Tod denkst! Er ist genauso natürlich wie die Geburt, und sie beide sind Teil des Lebens.

Meditation über Mitgefühl

„Indem wir allmählich unseren Geist entwickeln, wird unser jetzt noch begrenztes Mitgefühl wachsen und sich ausweiten, um großes und tiefes Mitgefühl zu werden. Das wird möglich, indem man wieder und wieder über das Leiden anderer nachsinnt ..."

GESHE RABTEN

Links:
Padmapani Avalokiteshvara, in Tibet auch als Chenrezig bekannt, ist der Bodhisattva des Mitgefühls. Seine weibliche Entsprechung ist Tara, die der Kwan Yin im chinesischen Buddhismus entspricht. Vom Dalai Lama heißt es, er sei die Verkörperung von Chenrezig.

Meditation über Mitgefühl

Mitgefühl ist das Verlangen, andere von Leiden zu befreien. Das bedeutet nicht, sich traurig zu fühlen, sondern das Verstehen dafür, wie Leiden geschieht und wie wir helfen können. Wir wollen auch nicht zum Welterlöser werden in der Meinung, dass wir jedem helfen können. Wir müssen unsere Grenzen erkennen lernen – wann wir helfen können und wann nicht. Über Avalokiteshvara zu meditieren, der Verkörperung des Mitgefühls des Buddha, erweckt unser Potenzial an Mitgefühl.

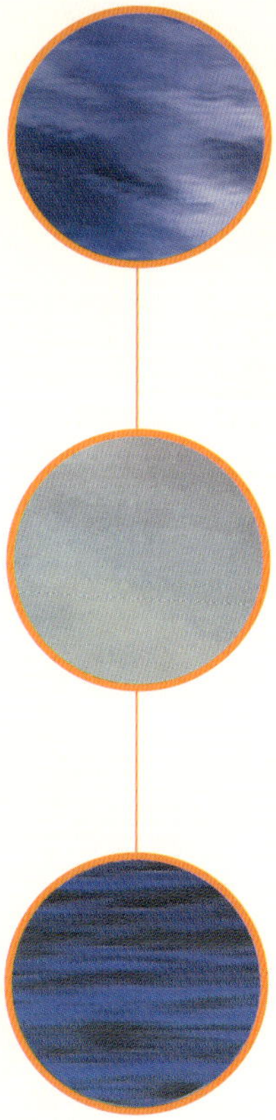

1. Beruhige das Gemüt mit Atemmeditation.
2. Denke über das Leiden nach, das Wesen überall erfahren.
3. Entwickle die Sehnsucht, dein Herz zu öffnen und Wesen zu helfen, frei von Leiden zu sein.
4. Bedenke, dass die Ursachen von Leiden verwirrte mentale und emotionale Zustände sind, die aus einer falschen Wahrnehmung darüber erwachsen, wie die Dinge wirklich sind.
5. Betrachte, dass dies der Grund ist, warum auch du Leiden erfährst, und spüre Mitgefühl für dich selbst.
6. Visualisiere Avalokiteshvara über deinem Kopf. Er besitzt einen durchscheinenden weißen Körper und lächelt und strahlt Mitgefühl für alle Wesen aus. Er hat vier Arme: Die ersten beiden halten ein Juwel an seinem Herzen, das alle Wünsche erfüllt; das zweite Paar Arme hält einen kristallenen Rosenkranz in der Rechten und einen weißen Lotus in der Linken. Er sitzt im vollen Lotussitz.
7. Erzeuge den Wunsch, Mitgefühl zu entwickeln, und bitte Avalokiteshvara, deine Gebete zu erhören.
8. Als Antwort strömt weißes Licht von seinem Herzen in dich, reinigt deine Negativitäten und erfüllt dich mit Liebe, Mitgefühl und Frieden. Das weiße Licht fließt dann heraus und berührt alle Wesen.
9. Während du die Visualisierung aufrechterhältst, rezitiere Avalokiteshvaras Mantra, „Om Mani Padme Hum", hörbar oder still. Die geheiligten Silben schwingen im Gleichklang mit unseren potenziell erleuchteten Qualitäten.
10. Avalokiteshvara löst sich in weißes Licht auf, welches in dein Herz fließt. Dein Geist und Gemüt verschmelzen mit seinem, und du fühlst dich ruhig und selig.
11. Halte die Visualisierung, und falls dein Gemüt umherstreift, bringe es sanft zu Avalokiteshvara zurück.
12. Widme schließlich jegliches Verdienst dem Glück aller Wesen.

Unten:
Unser Mitgefühl kann durch Meditation über Avalokiteshvara erweckt werden, der Verkörperung des Mitgefühls des Buddha.

Glossar buddhistischer Begriffe

Ajahn: Ehrentitel für einen älteren oder höhergestellten Bhikkhu oder Abt

Bhikkhu: Mönch in der Theravada-Tradition

Bodhicitta: Altruistische Geisteshaltung, die danach strebt, Erleuchtung zu erlangen, um allen Wesen dabei zu helfen, Glückseligkeit zu finden

Bodhisattva: Mensch auf dem Weg zur Erleuchtung, der Bodhicitta in sich erzeugt hat

Buddha: Erleuchtetes Wesen; das erste der Drei Juwelen

Buddha Shakyamuni: Siddartha Gautama, der historische Buddha

Buddha-Dharma: Lehren des Buddha

Buddha-Natur: Potenzial, das allen Wesen innewohnt, zum Buddha zu werden

Dharma (oder Dhamma): Mehrdeutig, hier verwendet, um das Wort des Buddha zu bezeichnen; das zweite der Drei Juwelen

Dokusan: Gespräch mit bzw. Audienz bei einem Zen-Lehrer oder Roshi

Drei Juwelen (oder Drei Schätze): Buddha, Dharma und Sangha: also alles, was ein Mensch als Grundlage braucht, oder worin er Zuflucht nehmen kann, um Erleuchtung zu erreichen

Gelugpa: Eine der vier Hauptschulen des tibetischen Buddhismus

Geshe: Ehrentitel für einen Mönch in der Gelugpa-Tradition

Gompa: Tibetische Meditationshalle

Gottheit: Ein Buddha, in einer symbolischen Form dargestellt, entweder friedvoll oder rachevoll-zornig

Gottheiten-Praktik: Form einer tibetischen Tantra-Praxis, die Meditation, Mantras und Visualisierung auf eine bestimmte Gottheit richtet

Guru: Spiritueller Lehrer oder Meister

Hinayana: Wörtlich (aber eher mißverständlich) „kleineres Fahrzeug". Jener Pfad buddhistischer Traditionen, der versucht, Erleuchtung des Einzelnen zu bewirken, jedoch auch Grundlage für den Mahayana-Buddhismus

Kagyu: Eine der vier Hauptschulen des tibetischen Buddhismus

Karma: Aktionen von Körper, Sprache, Gemüt und Verstand. Gleich, ob sie gut oder schlecht sind, werden sie alle durch nicht-erleuchtete Illusion verursacht und wirken selbst wiederum als Ursache für künftige Wiedergeburt; gute Handlungen bewirken eine gute Wiedergeburt, schlechte eine schlechte. Karma wirkt über viele Leben hinweg, und die Umstände müssen entsprechend sein, um Karma zur Reife zu bringen.

Koan: Rätselhafte Aussage im Zen, die zur Meditationsübung dient

Lama: Tibetischer spiritueller Lehrer

Mahayana: Wörtlich „größeres Fahrzeug"; der buddhistische Weg, der sich um Erleuchtung zum Nutzen aller Wesen bemüht

Mantra: Heilige Laute, die man als Teil einer spirituellen Praxis meist viele Male hintereinander wiederholt

Meditation: Zwei Typen werden im Buddhismus unterschieden: analytische und einpunktige Konzentration. Beide schulen Gemüt und Geist und fördern die Transformation des Bewusstseins

Mitgefühl (compassion): Wunsch, alle Wesen vom Leiden zu befreien

Nirvana (oder Nibbana): Wörtlich Befreiung aus dem Samsara bzw. den zyklischen Existenzen

Nyingma: Eine der vier Hauptschulen des tibetischen Buddhismus

Reinkarnation: Die subtilste Ebene von Bewusstsein, mit dem Karma aus früheren Inkarnationen, das von einem Leben ins nächste geht

Rinzai: Eine der zwei Haupttraditionen des japanischen Zen, von Esai begründet

Roshi: Japanischer Zen-Meister oder Lehrer

Sadhana: Tibetischer religiöser Text über Einzelheiten einer tantrischen Praxis, der auch behandelt, wie man Mantras spricht, Visualisierungen durchführt und Gebete und Lobpreisungen rezitiert

Sakya: Eine der vier Hauptschulen des tibetischen Buddhismus

Samatha: Stillesein oder ruhige Meditation

Samsara: Wörtlich „zyklische Existenz", ständig geboren zu werden, zu sterben und wiedergeboren zu werden, bevor ein Mensch Erleuchtung erzielt und in das Nirvana eintritt

Sangha: Spirituelle Gemeinschaft, unsere geistigen Freunde; bezieht sich manchmal nur auf Mönche und Nonnen; das dritte der Drei Juwelen

Satipatthana: Meditation der Achtsamkeit

Shikan-taza: Intensives Sitzen nach der Meditationsweise der Soto-Tradition im Zen

Soto: Eine von zwei Haupttraditionen im japanischen Zen, von Dogen begründet

Sunyata: Wörtlich „Leere"; eine Philosophie, die davon ausgeht, dass alle Dinge ohne eigene Existenz sind, d.h., dass sie nicht für oder aus sich allein existieren können, sondern in ihrem Sein von ihren Teilen und der Umwelt abhängen

Sutra (oder Sutta): Lehren des Buddha, mündlich überlieferte oder niedergeschriebene

Tantra (oder Trantrayana): Wörtlich „Dauer", im tibetischen Buddhismus auch Vajrayana genannt; bezieht sich üblicherweise auf eine Gottheiten-Praktik, welche Körper, Sprache, Gemüt und Geist eines Menschen zu transformieren anstrebt

Vipassana: Einsichts-Meditation, Wahrheit, letzte Wahrheit: Wie die Dinge wirklich sind, nämlich ohne jede eigene Existenz und abhängig von den Teilen, welche sie hervorbringen, und von der Umwelt

Wahrheit, konventionelle oder relative Wahrheit: Wie die Dinge jenen erscheinen, die noch nicht erleuchtet und noch unfähig sind, die letzte Wahrheit wahrzunehmen

Zazen: Sitzen nach der Meditationsweise der Zen-Tradition

Bibliografie

Aitken, Robert, *The Practice of Perfection*, Washington, Counterpoint, 1997

Batchelor, Martine, *Principles of Zen*, London, Thorsons, 1999

dies., *Walking on Lotus Flowers*, London, Thorsons, 1996

Batchelor, Stephen, *Buddhismus für Ungläubige*, Frankfurt, Fischer Verlag, 1998

ders., *The Awakening of the West*, London, Aquarian, 1994

ders., *The Faith of Doubt*, California, Parallax, 1990

Beer, Robert, *The Encyclopedia of Tibetan Symbols and Motifs*, London, Serindia, 1999

Bodhi, Bhikkhu, *The Noble Eightfold Path*, Kandy, Buddhist Publication Society, 1994

Chah, Ajahn, *Bodhinyana*, Thailand, Bung Wai Forest Monastery, 1980

Dalai Lama, *Der Stufenweg zu Klarheit, Güte und Weisheit*, München, Diamant Verlag, 1998

Dogen, *Moon in a Dewdrop*, Shaftesbury, Element, 1988

Farrer-Halls, Gill, *Die Welt des Dalai Lama*, Neuhausen, Urania Verlag, 1998

Hanh, Thich Nhat, *Der Schlüssel zum Zen*, Freiburg, Herder Verlag, 1997

Kapleau, Roshi Philip, *The Three Pillars of Zen*, New York, Anchor, 1989

McDonald, Kathleen, *How to Meditate*, Boston, Wisdom Publications, 1984

Morreale, Don (ed.), *The Complete Guide to Buddhist America*, Boston, Shambhala, 1998

Narada Thera (trans.), *The Dhammapada*, London, John Murray, 1959

Sasaki, Ruth F., *The Record of Lin-Chi*, Kyoto, The Institute for Zen Studies, 1975

Shantideva, *A Guide to the Bodhisattva's Way of Life*, Dharamsala, Library of Tibetan Works and Archives, 1992

Snelling, John, *The Buddhist Handbook*, London, Rider, 1997

ders., *The Elements of Buddhism*, Shaftesbury, Element, 1990

Sumedho, Ajahn, *Mindfulness: The Path to the Deathless*, Hemel Hempstead, Amaravati Publications, 1987

Tabten, Geshe Tamdin, *Treasury of Dharma*, London, Tharpa Publications, 1988

Trungpa, Chogyam, *Der Mythos der Freiheit*, Berlin, Thesseus Verlag, 1989

Wangchen, Geshe Namgyal, *Awakening the Mind of Enlightenment*, London, Wisdom Publications, 1987

Wright, Arthur F., *Buddhism in Chinese History*, California, Stanford University Press, 1982

Yampolsky, Philip B. (trans.), *The Platform Sutra of the Sixth Patriarch*, New York, Columbia University Press, 1967

ders., *The Zen Master Hakuin*, New York, Columbia University Press, 1971

Register

A
Abhayagiri-Kloster 126–7
Achtsamkeit
Aufrechterhalten 104–5, 106–7, 108
Meditations- Praxis 141, 161, 163
Vier Fundamente für Achtsamkeit 77
Aitken, Robert 82
Alltäglichkeit 46, 140–1
Altäre 116–17
Amaravati-Kloster 129
Atem-Meditation, Zen 160–1
Avalokiteshvara 189
Avatamsaka-Buddhismus 28
Ayya Khema 65, 70, 78, 110

B
Batchelor, Stephen 46, 62, 124, 170
Erwachen 72
Freudige Bemühung 86
Meditation 96
Behinderungen, Fünf 50–1, 110–11
Bharat Singh Upadhyaya 30
Bhikkhu Bodhi 76, 79
Bhikkhus 120–1
Bodhidharma 147, 156–7
Buddha, Juwel des 48, 49
Buddha Shakyamuni 68, 80, 90
einpunktig gesammelter Geist 100
Leben des 10, 12, 13
Weg des 45, 160
Zen-Buddhismus 160

C
Chah, Ajahn 74, 119, 126–7
Ch'an Buddhismus 28, 146, 156
Cheng-Li 7
China 26–9, 37, 168, 176
Chithurst-Kloster 129
Chogyam Trungpa 184
Chuang Tzu 159

D
Dalai Lama 19, 167, 176–7
Aufnahme des Buddhismus 21
Buddhas Lehre 43
Chinesische Invasion in Tibet 37
Dharma 182–3
freudiger Einsatz 86, 87
Juwel des 48, 49
Zuflucht nehmen 134–5
Drei Gifte 50–1
Drei Haltungen 145
Drei Juwelen 48–9, 50
Drei Zufluchten 135

E
Ebenen der Existenz 54–5
Edler Achtfältiger Pfad 64–79
Eigene Erfahrung, Bedeutung 8
Ein Lotos erblüht im Herzen, Thich Nhat Hanh 152, 153
Einfachheit 10–11
Einpunktiger Geist 80, 88–9, 123
Einsichts-Meditation 102–3, 123
Emotionen, negative 109, 110–11
Existenz, Ebene der 54–5

F
Formlose Meditation 108–9
Freudiger Einsatz 80, 86–7
Friedensnobelpreis 153, 176
Fronsdal, Gil 121, 122
Frustration 109

G
Gebete, Tibetische 180–1
Gedanken 95, 106, 139
Geduld 84–5
Gefühle 61, 77, 109
Gehmeditation 104–5
Gelugpa-Schule 169
Gier 110–11
Goenka, Satya Narayan 124
Großzügigkeit 80, 81
Guta, Kathryn 130–1

H
Haltungen, Drei 50–1, 145
Haynes, Andrew 178–9
Hinayana Buddhismus 43
Hollowell, Amy 154–5

I
Indras Juwelennetz 60
Infragestellen 148–9
Inspiration 11

J
Jamyang Buddhist Center 172–3
Japanischer Buddhismus 32–3
Je Tsong Khapa 62
Juwelen, Drei 48–9, 50
Jongmok Sunim 58

K
Kagyu-Schule 169
Kalligraphie, Zen 159
Kapleau, Philip 143, 150–1
Karma 52–3
Koan-Meditation 161, 164–5
Konfuzianismus 26, 28
Konzentration 80, 88–9
Kornfield, Jack 38

L
Lama Tzongkhapa Institute 179
Langdarma, King 36
Langlebigkeit 136–7
Lebensrad 50–1
Leere 62–3
Leiden, Annehmen des 15–17, 85
Lhamo Thondup *siehe* Dalai Lama

M
McDonald, Kathleen 106, 116, 180
Mahayana Buddhismus 30–2, 43
Mantra Buddhismus 28
Mantra, "Buddho" 138–9
Marxismus 29
Meditation 63, 93–117
Achtsamkeit 141, 161, 163
Haltung 98–9
Klarheit des Geistes 184–5
Koan 161, 164–5
Koreanisches Zen-Retreat 148–9
Langlebigkeit 136–7
Mitgefühl 188–9
Ruhige 100, 123
Tod 186–7
Vorbereitung 94–5
Zazen 146, 151, 161, 162–3
Zen Atmung 160–1
Meditative Versenkung 79
Mitgefühl, Meditation über 188–9
Mittlerer Weg 19, 83, 110
Moral 82–3

N
Nahrung 46–7, 110, 121, 122
Negative Gefühle 109, 110–11
Neo-Konfuzianismus 33
Nibbana / Nirvana (Abwesenheit von Leiden) 13, 19, 47, 123
Niederwerfungen 114–15
Nyingma-Schule 168

P
Padmasambhava 34–6
Pali Kanon (Schriften) 22, 120
Persönlichkeit, Theravada Buddhismus 130–1
Pflaumendorf 153

R
Rabten, Geshe 188
Reine Motivation 81
Reines Land Buddhismus 28, 33
Rinpoche, Dromton 182–3
Rochester Zen Center 150–1
Ruhige Meditation 100, 123

S
Sakya-Schule 168
Salzberg, Sharon 136
Samye Ling Center 174–5
Sangha, Zuflucht nehmen 48, 49, 134–5
Sechs Vollkommenheiten 80–91
Siddhartha Gautama *siehe* Buddha Shakyamuni
Sieben Erleuchtungsfaktoren 75
Shantarakshita 34
Shantideva 186
Snelling, John 18, 52, 54, 84, 169
Achtsamkeit 108
Einsichtsmeditation 102
Tibetischer Buddhismus 34
Verbreitung des Buddhismus 22
Soka Gakkai 33
Spirituelle Einsicht 187
Sri Lanka 22
Südostasien 22–5
Sumedho, Ajahn 56, 138, 140
Theravada Buddhismus 126, 128–9
Zuflucht 134
Sun Ock Lee 158
Sutra 171

T
Tantra 171
Taoismus 26–8
Tara College 175
Theravada Buddhismus 119–41
Flexibilität 132–3
Geschichte 132–3
Persönlichkeit 130–1
Südostasien 22–5
Western 122
Thich Nhat Hanh 152–3, 158, 164
Engagierter Buddhismus 41
Gehmeditation 102
mittlerer Weg 19
Three Pillars of Zen, Kapleau 150
Tibet, Chinesische Invasion (1950) 37, 168, 176
Tibetischer Buddhismus 34–7, 167-89
Schulen 168–9
Tibetische Gebete 180–1
Tod 47, 58–9, 183, 186–7
Trungpa, Chogyam 185

V
Vajrasattva 172–3, 184
Vegetarismus 46–7
Vergänglichkeit 56–7, 96, 102, 183
Vernunft 119
Vier Edle Wahrheiten 15–17
Vier Fundamente für Achtsamkeit 77
Vier große Vorhaben 75
Vinaya Buddhismus 28
Vorhaben, Vier große 75

W
Wangchen, Geshe 48, 88
Wechselseitige Abhängigkeit 60–1, 127
Westlicher Buddhismus 38–41
Weißer Lotus Buddhismus 28
Wiedergeburt 53, 54–5, 61
Wright, Arthur 26

Z
Zazen Meditation 146, 151, 161, 162–3
Zehn Laster 83
Zen Buddhismus 143–65
Atemmeditation 160–1
Geschichte 156–7
Künste 158–9
Kalligraphie 159
Persönliche Sicht 154–5
Ursprünge 144
Zweck 144
Zuflucht 48–9, 134–5
Zufluchtsgebet 181
Zuflüchte, Drei 135